Inteligencia emocional – Control sobre tu vida

Guía práctica de autodesarrollo para el éxito en los negocios y en su vida personal: Mejore sus habilidades sociales con PNL, EQ, Construcción de Relaciones, CBT & Autodisciplina.

Por Marcos Romero

Tabla de contenido

Inteligencia emocional – El dominio de tu vida
Tabla de contenidos
Introducción
Capítulo 1: Comprendiendo la inteligencia emocional
    Inteligencia emocional versus cociente de inteligencia
    Inteligencia emocional versus inteligencia social
    La inteligencia emocional en la psicología
    Una breve historia de la inteligencia emocional
    Otras investigaciones y estudios sobre la inteligencia emocional
    Marco de trabajo de la inteligencia emocional
    Inteligencia emocional alta y baja
    ¿Por qué el desarrollo de la inteligencia emocional es crucial?
    Gestión de la autoestima y de las relaciones
    La inteligencia emocional en el lugar de trabajo
    La inteligencia emocional y las relaciones
Capítulo 2: La aplicación de la inteligencia emocional
    Manejo de los impulsos
    Manejar las dificultades y los contratiempos
    Manejar el estrés y la ansiedad
    En el lugar de trabajo
    Habilidades para sobrellevar el trauma
    Habilidades para sobrellevar las reacciones
Capítulo 3: Reconocer las emociones
    Envidia
    Preocupación o nerviosismo
    Enojo e Irritación
    Aversión
    Decepción o infelicidad
Capítulo 4: Mejorando la inteligencia emocional
    La inteligencia emocional en las relaciones
    Lenguaje corporal

Escucha activa
  Técnicas de atención y relajación
Capítulo 5: Inteligencia emocional y liderazgo
  Buen liderazgo
  Adaptación
  Liderazgo y rendimiento
  Los seis estilos de liderazgo
  ¿Cómo mejorar?
  Los cinco componentes de la inteligencia emocional en el liderazgo
  Habilidades sociales
Conclusión

Introducción

Si estaba buscando un libro sobre inteligencia emocional que sea altamente práctico y ofrezca una guía para el éxito en los negocios y la vida personal, este es el libro correcto. El libro profundiza en las habilidades sociales, el cociente emocional, la construcción de relaciones, la autodisciplina y la terapia cognitivo-conductual utilizando un lenguaje simple de entender. Utilizando ejemplos fáciles y relacionables, el autor introduce lo que constituye la inteligencia emocional, por qué difiere del cociente inteligente y ofrece formas de mejorar las habilidades sociales en el trabajo y el hogar utilizando la inteligencia emocional. Por esta razón, este libro es tanto un manual como una discusión sobre la inteligencia emocional aplicable para principiantes y personas experimentadas.

En subtemas uniformemente espaciados, el autor guía al lector sobre cómo aplicar la inteligencia emocional para manejar los impulsos, maniobrar a través de los reveses y lidiando con el estrés y la ansiedad. El libro guía al lector a través de la aplicación de inteligencia emocional en el lugar de trabajo, el manejo del trauma y el manejo de las reacciones. El lector es llevado a través de las distintas formas de reconocer las emociones, especialmente las emociones comunes y negativas en el lugar de trabajo. Algunas de las emociones comunes y negativas exploradas son la ira, el nerviosismo, la infelicidad y la aversión. La inteligencia emocional también se aplica en las relaciones y en el liderazgo; de la misma forma, el lector está expuesto a cómo la inteligencia emocional afecta el liderazgo y las relaciones, así como a mejorar la inteligencia emocional.

Capítulo 1: Comprendiendo la inteligencia emocional

Inteligencia emocional versus cociente de inteligencia

La capacidad individual para evaluar, identificar, manejar y expresar emociones se conoce como inteligencia emocional. Las personas con una alta inteligencia emocional son propensas a convertirse en líderes y jugadores de equipo eficientes, ya que poseen la capacidad de empatizar, comprender y vincularse con las personas que les rodean. Por otra parte, el cociente inteligente evalúa las capacidades académicas e identifica a las personas con desafíos mentales o a las personas con capacidades excepcionales. En el lugar de trabajo, la inteligencia emocional es un indicador de éxito ampliamente aceptado para ayudar a reconocer a los buenos jugadores de equipo, líderes y trabajadores independientes.

En detalle, el coeficiente intelectual captura habilidades tales como el razonamiento fluido, el conocimiento del mundo, el procesamiento espacial y visual, el razonamiento cuantitativo, la memoria de trabajo y la memoria a corto plazo. Por otra parte, la inteligencia emocional captura la forma de relacionarse con los demás identificando emociones, evaluando cómo se sienten los demás, manejando las emociones individuales y percibiendo cómo se sienten los demás, así como empleando las emociones para permitir la comunicación social. Inicialmente, el cociente de inteligencia era visto como el determinante fundamental del éxito, ya que se consideraba que las personas que tenían un alto cociente de inteligencia estaban destinadas a obtener más logros. Todo esto llevó a un debate sobre si la inteligencia es un producto del medio ambiente o de factores genéticos.

Con el tiempo, los críticos comenzaron a reconocer que el poseer un porcentaje de inteligencia alto no es una garantía de éxito en la vida. Además, el cociente de inteligencia por sí solo no podía capturar el espectro completo de las habilidades y conocimientos humanos. Cuando se trata de logros académicos, los cocientes de inteligencia todavía se aceptan como un elemento crítico de éxito. Las personas con altos coeficientes de inteligencia es probable que sobresalgan en la escuela y ganen más dinero, así como que tengan una vida más saludable. Expertos contemporáneos reconocen que el cociente inteligente no es el único determinante del éxito en la vida. En este contexto, el cociente inteligente es visto como parte integral de una intrincada variedad de influencias que incluyen la inteligencia emocional.

Igualmente importante es que el concepto de inteligencia emocional ha tenido un impacto significativo en numerosas áreas, pero especialmente en el dominio empresarial. La mayoría de las organizaciones ahora exigen capacitación en inteligencia emocional y emplean pruebas de cociente emocional como parte integral del proceso de contratación Las personas con líderes efectivos tienden a exhibir una alta inteligencia emocional insinuando que un alto cociente emocional es un componente crítico del liderazgo y la gestión empresarial.

Una ilustración puede ser cuando se toma una compañía de seguros que se da cuenta de que la inteligencia emocional puede desempeñar un papel fundamental en el éxito de las ventas. Luego de esto surge el conocimiento de que los agentes de ventas que que tienen un puntaje más bajo en habilidades de inteligencia emocional como la empatía, la confianza en sí mismos y la iniciativa tienden a vender una prima promedio de 45.000 dólares en comparación con los agentes que ocupan un lugar más alto en las puntuaciones de inteligencia emocional que venden un promedio de 105.000 dólares.

Adicionalmente, las habilidades emocionales pueden utilizarse para influir en las elecciones que hacen los consumidores cuando se enfrentan a decisiones de compra. La mayoría de las personas prefieren tratar con un individuo en el que confían y que les gusta en comparación con alguien en quien no lo hacen, y esto implica pagar más por un producto inferior.

De hecho, la inteligencia emocional puede aprenderse. Algunas de las formas en que la inteligencia emocional puede ser impartida son a través de la educación del carácter, animando a la gente a pensar en cómo se sienten los demás, modelando comportamientos positivos y descubriendo formas de ser más empáticos con los demás. Como cualquier otra forma de entrenamiento, el candidato a la capacitación debe estar dispuesto a adquirir conocimientos y a practicarlos. Una persona que busca mejorar sus niveles de inteligencia emocional debe hacer primero una autoevaluación de las debilidades que se relacionan con la inteligencia emocional y luego hacer más evaluaciones utilizando la guía de un experto. Cuando se entrena a alguien en inteligencia emocional, debe implementarse de manera gradual y ajustarse a las necesidades individuales del candidato.

En general, ambos; tanto el cociente de inteligencia como el cociente emocional juegan papeles críticos en el impacto del éxito general de un individuo, incluyendo el bienestar, la salud y la felicidad. Aprender a mejorar las habilidades en áreas débiles a más del promedio es mucho más importante que sólo enfocarse en las áreas más dotadas. La razón de este argumento es que, como individuo, usted como conjunto es más importante que un conjunto de fortalezas específicas.

Piénsalo de esta manera, eres un trabajador muy inteligente pero incapaz de manejar las decepciones que comprometen tu productividad general. Alternativamente, considérese una persona altamente estable emocionalmente y que tiene la capacidad única de involucrar a otros, pero con dificultades para aprender nuevas tecnologías y sistemas en el lugar de trabajo, lo que acaba afectando a su productividad general. Idealmente, tener un equilibrio entre el cociente inteligente y el cociente emocional es muy beneficioso. Afortunadamente, existen métodos probados para ayudarte a trabajar en tus áreas débiles y de ésta forma hacerte un ser más completo.

Ejercicio

a. Como parte del equipo de contratación que se encuentra buscando un reemplazo para un Oficial de Tecnología de la Información en su empresa, sólo logró preseleccionar dos candidatos donde uno de ellos es una persona aguda con respecto a los logros académicos pero parece temperamental. El otro posee un desempeño promedio en lo académico, pero parece emocionalmente estable y deseoso de participar. ¿Cómo manejaría el proceso de contratación para terminar con el candidato más adecuado para su organización?

b. Obtenga cualquier episodio de la serie de televisión Bing Bang Theory y dé una primera impresión del personaje de Sheldon Cooper. Asumiendo que sólo la observación es suficiente para juzgar a un individuo, ¿contratarías a Sheldon Cooper?, ¿Por qué sí o por qué no?

Inteligencia emocional versus inteligencia social

La inteligencia emocional se relaciona con el presente y las emociones que se manifiestan. Por ejemplo, una madre sabe cómo se siente el bebé. La madre sabe si el bebé está triste o hambriento. Alternativamente, piensa en un adolescente tímido y asustado en una fiesta. Lograste percibir esto porque tienes el cociente emocional aplicado adecuadamente. Por otro lado, la inteligencia social se preocupa más acerca del futuro, ya que te encuentras confiando en el conocimiento actual para mejorar el futuro buscando el mejor camino para ti. Por ejemplo, un trabajador de una organización que busca una manera diferente de estar en desacuerdo con el jefe sobre las nuevas medidas que se están implementando.

De esta manera, la inteligencia social involucra la comprensión de las personalidades y los correspondientes comportamientos de las personas para entender cómo llevarse mejor. El propósito de la inteligencia social es obtener resultados positivos de las interacciones sociales. Por otro lado, la inteligencia emocional se trata de a ayudar a un individuo a tomar conciencia de su estado emocional y manejarlo para que pueda comprenderlo. Teniendo todo esto en cuenta, la inteligencia emocional es un requisito previo a la inteligencia social, siendo esta un resultado de la primera. En pocas palabras, si una persona no tiene los niveles de inteligencia emocional necesarios, probablemente muestre un desempeño deficiente en las interacciones sociales. Piense en Sheldon Cooper en la serie de televisión Big Bang Theory.

La explicación adicional incluye el reconocimiento de que la inteligencia social es cuando la inteligencia emocional se aplica en un entorno de grupo haciendo que todos se sientan cómodos, complacientes y civiles. Por esta razón, la inteligencia social ha evolucionado para permitirnos sobrevivir. Pensar en la supervivencia y en los logros en la carrera requiere más que sólo buenas notas. Por ejemplo, puedes estar altamente calificado pero responder mal a las preguntas que buscan determinar tu estabilidad emocional. En otros términos, reaccionar groseramente a sus entrevistadores constituye una señal de que tiene un bajo nivel de inteligencia social. La falta de manifestación de la inteligencia social requerida puede aumentar el riesgo de perder el trabajo, las oportunidades o la amistad.

Un ejemplo de inteligencia social puede ser el caso de Richard, un típico empleado de oficina. Richard es lo suficientemente inteligente socialmente como para comprender que su jefe se molesta por las malas noticias casuales. Por esta razón, Richard entiende que es socialmente inteligente dar las noticias negativas comenzando por resaltar los aspectos positivos de las mismas para evitar provocar una reacción emocional de su jefe. Por otro lado, Richard entiende que si comparte las noticias con Julieta, ella las comunicará casualmente y no pensará en las consecuencias de sus acciones al difundir las novedades. Ante esta situación, Richard emplea la inteligencia social y evita decirle a Julieta que se contenga cuando las noticias son totalmente positivas.

Además, Richard emplea la inteligencia emocional en las reuniones de conferencia. Mientras todo va bien en su reunión del martes, de repente nota en Julieta, expresiones faciales que indican se siente irritada y agitada. Entonces, Richard ajusta la entrega y se da cuenta que Julieta ahora está tranquila y satisfecha con el proyecto sugerido pero se mantiene callada. A través de la inteligencia emocional Richard logra obtener la opinión de Julieta sobre el proyecto. Julieta ofrece su opinión y la misma ayuda al avance del proyecto a medida que ambos llegan a un consenso. Los dos ejemplos anteriores, demuestran la diferencia entre inteligencia emocional y la inteligencia social.

Para mayor énfasis, la inteligencia emocional requiere ciertas competencias que incluyen lo siguiente; autoconciencia que aborda el reconocimiento emocional, la autoconfianza y la autoevaluación. La inteligencia emocional también demanda autorregulación, lo cual involucra, adaptabilidad, innovación, autocontrol, conciencia y fiabilidad. El otro componente de la inteligencia emocional, hace referencia a la auto motivación, que comprende el compromiso, el impulso, la iniciativa y el optimismo. La inteligencia emocional requiere mostrar una conciencia social que involucre la orientación al servicio, la empatía, el aprovechamiento de la diversidad, el desarrollo en equipo y la conciencia política. Finalmente, la inteligencia emocional requiere la puesta en práctica de habilidades sociales que incluyen liderazgo, comunicación, gestión de conflictos, gestión del cambio y cooperación. Todas estas son las áreas integrales del entrenamiento en inteligencia emocional.

Finalmente, la inteligencia social se refiere a la competencia que ayuda a un individuo a construir una relación con los demás. La inteligencia social se puede dividir en gestión de relaciones y conciencia social. Todos estos subconceptos pueden estudiarse de forma separada al concepto principal, esto es la inteligencia social, también denominada inteligencia emocional y social. Precisamente, la inteligencia social es un derivado de la inteligencia emocional. De esta manera, la inteligencia social es una extensión de la inteligencia emocional. El propósito de hacer énfasis en esto es permitir a los capacitadores y candidatos comprender qué debe preceder. El entrenamiento en inteligencia emocional debe anteceder al adiestramiento en inteligencia social. En términos más sencillos, usted debe comprenderse y manejarse a si mismo antes de involucrarse positivamente con otras personas.

Ejercicio

a. ¿Cómo puedes mejorar tu inteligencia social en la escuela o en el lugar de trabajo?

b. Piense en un político que tiene dificultades para relacionarse con los demás y sugiera cinco maneras en que el político puede mejorar sus habilidades sociales.

La inteligencia emocional en la psicología

Varios investigadores afirman que distintos trastornos de la personalidad son causados o regulados por la inteligencia emocional del individuo. En el contexto de la psicología, la inteligencia emocional se refiere al conjunto de habilidades para facilitar, reconocer, comprender y manejar las emociones que permitan el uso del conocimiento emocional para lograr una mayor adaptación, así como bienestar psicológico. Al tener una inteligencia emocional alta, es probable que usted logre una actitud positiva, pueda reponerse después de sentir emociones adversas y disminuyan sus niveles de estrés, ansiedad y depresión.

En particular, el vínculo entre la inteligencia emocional y la psicología se apoya en que los pacientes con varios trastornos clínicos muestran déficits en su puntuación de inteligencia emocional. Podemos asumir entonces que una puntuación baja en inteligencia emocional sugiere propensión a trastornos clínicos. Por ejemplo, varios estudios afirman que la mayoría de las personas con déficit de atención muestran una carencia en cualquiera de estas competencias emocionales. Asimismo, podemos asumir que las competencias de inteligencia emocional contribuyen al tratamiento del déficit de atención. Los pacientes con ansiedad social muestran una fuerte correlación entre la gravedad de los síntomas y la dificultad para percibir adecuadamente las emociones y emplearlas para facilitar su pensamiento.

Además, las personas con el Síndrome de Evitación Extrema de Demandas, muestran niveles significativamente más bajos en comprensión emocional y gestión de habilidades en comparación con los sujetos sanos. Todo esto indica que los déficits en compresión e integración emocional son parte de la fenomenología de los trastornos de pánico. Las personas con trastorno de ansiedad generalizada se centran más en sus emociones y tienen dificultades críticas para abordar sus estados de ánimo negativos. Los grados de intensidad de los síntomas de las personas con trastorno de ansiedad generalizada están relacionados con las dificultades para diferenciar claramente entre varios estados emocionales. Esta afirmación implica que la incapacidad para manejar las emociones individuales puede ser un factor de propensión para el desarrollo del trastorno de ansiedad generalizada,

En este contexto, las dificultades relacionadas con el manejo de los estados emocionales son un indicador crucial de la potencialidad para presentar trastornos de personalidad. En algunos sujetos no clínicos, los rasgos patológicos de la personalidad, están vinculados a déficits críticos en inteligencia emocional, como rasgos esquizotípicos, psicópatas y límite. Entonces se puede argumentar que la presencia de trastornos de la personalidad en pacientes con déficit de atención puede estar vinculada a mayores carencias en inteligencia emocional.

En consecuencia, la inteligencia emocional es fundamental para desarrollar una vida equilibrada. La inteligencia emocional no solo se limita a comunicarse con las personas. Este tipo de inteligencia debe ser tomada como una vía para lograr una vida equilibrada. Cada aspecto de la vida requiere inteligencia emocional. Por ejemplo, la inteligencia emocional afecta la salud física, que es la capacidad de cuidar nuestros cuerpos. Al manejar el estrés que tiene un efecto significativo en nuestro bienestar, estamos reconociendo el papel crítico de la inteligencia emocional. Al conocer nuestro estado emocional y nuestras reacciones al estrés, podemos lograr controlar este y mantener una buena salud.

Como resulta previsible, la inteligencia emocional afecta nuestro bienestar mental, impactando nuestra perspectiva y actitud ante la vida. La inteligencia emocional puede ayudar a aliviar la ansiedad así como a evitar la depresión y los cambios de humor. Tomando esto en cuenta, un alto nivel de inteligencia emocional se correlaciona directamente con una actitud positiva y con una perspectiva más feliz ante la vida. Así, mediante la comprensión y manejo de nuestras emociones seremos más efectivos al comunicar nuestros sentimientos de forma útil. A través de la inteligencia emocional, logramos comprender y relacionarnos con otros con quienes interactuamos. Es mediante la comprensión de los sentimientos, las necesidades y las reacciones de aquellos que nos importan que podemos formar relaciones más fuertes y más satisfactorias.

Del mismo modo, la inteligencia emocional impacta en la resolución de conflictos. Mediante el discernimiento de las emociones de otras personas, aprendemos a empatizar con sus puntos de vista en relación a un tema, lo cual facilita la resolución de controversias o las evita antes que se agraven. La habilidad para comprender las necesidades y deseos de otras personas aumenta la eficiencia al momento de negociar. La inteligencia emocional también impacta en el éxito ya que una inteligencia emocional superior nos ayuda a ser motivadores internos efectivos y asertivos para ayudar a disminuir la falta de productividad, aumentar la autoconfianza y mejorar la capacidad de concentrarnos en un objetivo. La inteligencia emocional puede mejorar nuestra potencialidad para el éxito al permitirnos construir mejores redes de apoyo, superar desafíos y mantener una perspectiva más sólida. En general, nuestra habilidad para retrasar la recompensa y tomar en consideración el largo plazo, tiene un impacto directo en la capacidad de tener éxito.

Desafortunadamente, la inteligencia emocional en psicología también tiene un lado negativo. El peligro de la inteligencia emocional es que es moralmente neutral, lo que implica que depende de cómo se use. La inteligencia emocional puede ser tomada y utilizada por un individuo con segundas extensiones, a expensas de los demás. La inteligencia emocional puede usarse como un Asperger caso en el cual, el individuo puede no entender lo que otros sienten. La inteligencia emocional en un psicópata hace que el individuo no se preocupe por lo que está sintiendo a pesar de tener consciencia de ello. Por último, un maquiavélico manipula los sentimientos para lograr sus fines egoístas. En relación al Síndrome de Asperger, piense en Sheldon Cooper de la serie de televisión Big Bang Theory. Finalmente, es probable que las personas con un alto nivel de habilidad engañar sean los miembros dominantes en un entorno grupal y hagan que los demás simplemente se empeñen en ayudar al líder a lograr fines egoístas.

Ejercicio

a. Explique en sus propios términos ¿cómo se vincula la inteligencia emocional con la psicología?

b. ¿Está de acuerdo en que los puntajes de inteligencia emocional se correlacionen con varios trastornos clínicos de la personalidad? ¿Por qué o porque no?

C. Intente vincular el aspecto del engaño como un aumento de la probabilidad de que el individuo engañoso sea un líder/ miembro dominante de un grupo. Explique utilizando figuras públicas como celebridades o personajes de televisión.

Una breve reseña histórica de la inteligencia emocional

La inteligencia emocional como un concepto separado no existió hasta 1953, cuando Dorothy Van Ghent observó en su libro correspondiente a la novela inglesa Pride and Prejudice, que la mayoría de los personajes de Jane Austen en la obra, exhibían un alto cociente emocional. Una psicoanalista alemana, Barbara Leuner, en 1966 argumentó que la droga LSD podría ayudar a las mujeres con baja inteligencia emocional y en ese entonces Leuner sostuvo que la baja inteligencia emocional surgió como consecuencia de la separación temprana de las madres que condujo a más problemas emocionales en comparación con el grupo de control. Sin embargo, el primer individuo en presentar el término inteligencia emocional en una fuente de idioma inglés fue Wayne Payne a través de la disertación de 1986. Wayne aplicó el término ampliamente en su disertación sugiriendo que la conciencia emocional era un componente crítico para el desarrollo en los niños.

En este sentido, los psicólogos Mayer y Salovey se alinearon con el uso contemporáneo de la teoría de la inteligencia emocional al ofrecer la primera formulación del concepto y una ilustración de cómo se puede evaluar la inteligencia emocional en dos artículos de revistas en 1990. Durante ese período a principios de la década de 1990, el concepto de coeficiente intelectual era ampliamente reconocido como el estándar de excelencia en la vida. Igualmente importante es que durante este período el debate versó en gran medida en torno a si el coeficiente intelectual estaba conectado a nuestros genes o era adquirido del medio ambiente a través de la experiencia individual. Fue hasta 1995 que Daniel Goleman, como periodista científico, descubrió los estudios de Mayer y Salovey y comenzó a sentirse motivado por la idea de encontrar una nueva forma de evaluar los componentes claves para lograr el éxito en la vida.

Al igual que Mayer y Salovey, Goleman empleó el término inteligencia emocional para abarcar un amplio espectro de hallazgos científicos que unieron subdominios de investigación separados. El trabajo de Goleman también cubrió otros desarrollos científicos vinculados, como el campo de la neurociencia, que en sus comienzos exploraba cómo se manejaban las emociones en el cerebro. Cuando Goleman publicó en 1995 su trabajo denominado Emotional Intelligence explicando por qué puede esta inteligencia importar más que el coeficiente intelectual, ganó la atención del mundo. Durante este período, la mayoría de los profesionales de la salud no se habían planteado la idea de la inteligencia emocional aunque los estudios de Mayer y Salovey ya llevaban cinco años publicados. El concepto de inteligencia emocional fue tan popular que las obras de Goleman se convirtieron en un best seller e impactaron al mundo.

Además, Goleman señaló que se sintió complacido al escuchar que los educadores habían adoptado la inteligencia emocional en lo que hoy se conoce como aprendizaje social y emocional. En el momento en que los trabajos de Goleman se publicaron, solo unas pocas escuelas contaban con programas que enseñaban habilidades de inteligencia emocional a los estudiantes. En 2002, la UNESCO comenzó una campaña mundial para promover el aprendizaje social y emocional mediante el desarrollo de diez principios fundamentales para poner en práctica este tipo de aprendizaje en al menos 140 ministerios de educación de diferentes países. Han sido diversos los intentos para evaluar el impacto de la enseñanza directa en la capacidad de una persona para demostrar inteligencia emocional. En general, algunos estudios han mostrado un éxito significativo en cuanto a la inteligencia emocional, mientras que otros estudios cuestionan si la inteligencia emocional merece ser tratada como un concepto separado.

En particular, Mayer, Goleman y Salovey propusieron la noción de inteligencia emocional tomando en consideración la injusta hegemonía que tenía la evaluación del coeficiente intelectual durante ese período. Se daba el caso de personas muy inteligentes pero que no se consideraban exitosas. Piense cómo en un entorno laboral contemporáneo, palabras como nerd y geek aún despiertan mucha fascinación. En esencia, estos términos populares describen a un individuo socialmente inadecuado. Hasta ahora, resulta apropiado afirmar que las competencias de inteligencia emocional tendrían un impacto en la productividad de un individuo, especialmente en ambientes de trabajo grupal.

Por último, tener un coeficiente intelectual muy elevado, no garantiza que una persona establezca relaciones humanas satisfactorias y tenga paz interior. En cambio, tales cualidades se muestran ampliamente en aquellas personas que también tienen una gran inteligencia emocional. Por ejemplo, un alto coeficiente intelectual puede permitir que una persona sea preseleccionada para un trabajo soñado, pero sin inteligencia emocional, el candidato podría no impresionar en la etapa de la entrevista. El ejemplo dado ilustra cómo la inteligencia emocional puede aumentar las probabilidades de éxito de un individuo. La conclusión debería ser que la inteligencia emocional y el coeficiente intelectual se complementan entre sí.

Ejercicio

a. En su opinión, ¿quién tuvo un impacto significativo al llamar la atención mundial sobre el concepto de inteligencia emocional?

b. ¿Considera que los defensores de la inteligencia emocional tienden a degradar sutilmente el grado de importancia del coeficiente intelectual?

Otras investigaciones y estudios sobre inteligencia emocional

Estudios recientes sobre inteligencia emocional comparten información sobre cómo la inteligencia general y la inteligencia emocional afectan las habilidades académicas y sociales de los estudiantes. A partir de dichos estudios, se ha podido conocer que tanto la capacidad mental general como la inteligencia emocional tienen efecto en el rendimiento académico y social de los estudiantes en la universidad. Sin embargo, la capacidad mental general jugó un papel importante en la predicción del rendimiento académico en comparación con la inteligencia emocional. Otro descubrimiento interesante es que solo la inteligencia emocional, en oposición a la capacidad mental general, se relacionó con la calidad de las interacciones sociales con los compañeros. Podemos concluir entonces que se necesita capacidad de interacción emocional para trabajar con otros y, en especial para trabajar con el público por lo que en estos casos, se requiere priorizar cómo se maneja este tipo de interacción, sobre la inteligencia. A partir de estas afirmaciones, poseer más del promedio de inteligencia emocional y coeficiente intelectual aumenta las probabilidades que tiene un individuo de sobresalir en la escuela y en el lugar del trabajo.

De igual manera, en investigaciones recientes sobre inteligencia emocional, se estudió a los individuos con esquizofrenia para determinar si presentan un deterioro en la inteligencia emocional en comparación con el grupo de control y de ser positiva esta hipótesis, identificar las áreas exactas de debilidad en la inteligencia emocional. De los referidos estudios, se desprende que las personas con esquizofrenia presentaron un rendimiento significativamente peor en comparación con grupo de control. Las áreas de debilidad comunes detectadas en las personas con esquizofrenia corresponden a la comprensión, identificación y manejo de las emociones. Tener puntajes bajos de inteligencia emocional se correlacionó significativamente con mayores dificultades en el funcionamiento de un individuo en comunidad. La conclusión de esta investigación es que las competencias de inteligencia emocional pueden utilizarse para ayudar a mejorar la calidad de vida de las personas con diversas condiciones psicológicas. La inteligencia emocional puede ser utilizada para la detección o avance en el tratamiento de enfermedades mentales existentes, especialmente cuando existen trastornos de la personalidad.

Asimismo, los estudios contemporáneos sobre inteligencia emocional investigan si esta puede enseñarse y, de ser así, si la información obtenida por un individuo puede retenerse con el tiempo. Algunos de los estudios recientes afirman que los grupos entrenados en inteligencia emocional muestran un incremento en sus competencias en el área. Según los hallazgos de los referidos estudios, las habilidades en inteligencia emocional se conservaron aun después de seis meses. Las implicaciones y hallazgos de estos estudios indican que la inteligencia emocional puede ser adquirida y mejorada. En comparación con el coeficiente intelectual, la inteligencia emocional puede ser enseñada, aprendida y también puede retenerse. Otra implicación de este estudio es que los empleadores ahora tienen más libertad al contratar, ya que aún pueden reclutar individuos altamente calificados e inscribirlos para la capacitación en inteligencia emocional, lo cual permite a la organización comandar una fuerza laboral bien equilibrada en términos de coeficiente intelectual y competencias de inteligencia emocional.

Por último, las nuevas investigaciones sobre inteligencia emocional se centran en la relación entre la inteligencia emocional y el desempeño laboral. La conexión entre la inteligencia emocional y la productividad se exploró concentrándose en la confluencia entre las dimensiones individual y social de la inteligencia emocional. Diversos estudios afirman que la evaluación de las emociones juega un papel importante en el desempeño laboral subjetivo y objetivo. Como se sugirió anteriormente, la inteligencia emocional puede ayudar a responder la pregunta de por qué existe una brecha en aquellos candidatos altamente calificados que presentan dificultades para cumplir con lo esperado, quizás debido a los desafíos de trabajar con otros, comunicar sus sentimientos y ser tolerante. La mayoría de las organizaciones tratan directamente con el público, por lo que la forma en que la organización se comunica y maneja a un cliente es más relevante, en algunos casos, que la eficacia de una solución dada.

Finalmente, los estudios actuales examinan la posibilidad de superponer la inteligencia emocional a la personalidad y los rasgos cognitivos. La inteligencia emocional tiende a variar con las habilidades cognitivas así como con los rasgos de personalidad. Una de las áreas críticas en la gestión de recursos humanos es la definición correcta de la personalidad. La inteligencia emocional podría ayudar a incrementar la posibilidad de hacer evaluaciones de personalidad correctas, en comparación con la sola utilización de test de personalidad. A diferencia de los test de personalidad, las medidas de inteligencia emocional, evalúan activamente la personalidad de un candidato. Las pruebas de inteligencia emocional pueden integrar test de habilidad y conducta, dirigidos a evaluar la personalidad de un individuo. Es necesario que en el futuro se investigue si la puntuación de inteligencia emocional se relaciona con los rasgos cognitivos y de personalidad. Es de destacar que el modelo de medición de la inteligencia emocional permite la evaluación de los rasgos cognitivos del individuo, mientras que el modelo de rasgos se vincula más con la personalidad del individuo.

Ejercicio

a. Suponga que usted es parte de la junta que busca contratar a un candidato para reemplazar al ex ingeniero de redes de su empresa de consultoría de Tecnología de la Información. Para este puesto, las habilidades son muy críticas, ya que el candidato seleccionado debe contar con las competencias técnicas especificadas. Al mismo tiempo, el candidato seleccionado tendrá que trabajar con otros y capacitarlos en los sistemas organizacionales. Es evidente que necesitará un individuo que tenga habilidades mentales significativas, así como inteligencia emocional. Después de un cuidadoso proceso de selección, usted tiene a Richard, un ingeniero de redes altamente calificado, pero parece ser emocionalmente inestable cuando se le hacen preguntas que parecen básicas u ofensivas. Por otro lado, tiene a Mike, que demuestra habilidades promedio y parece un estudiante común pero cuenta con una gran personalidad. Como la persona que tomará la decisión final, describa brevemente cómo manejaría esta situación priorizando las necesidades de la empresa. Recuerde que las necesidades de la empresa incluyen obtener un individuo competente que también debe trabajar en equipo con facilidad.

Marco de trabajo de la inteligencia emocional

El esquema de inteligencia emocional se compone de tres modelos que son el modelo de rasgos, el modelo de habilidad y el modelo mixto. Todos estos modelos se centran en la aplicación del conocimiento y el poder para impactar la inteligencia emocional aunque difieren significativamente.

Comenzando con el modelo de habilidad, este es un esquema de inteligencia emocional que se refiere a la percepción de las emociones mediante la comprensión de signos no verbales como las expresiones faciales. El esquema de la inteligencia emocional también incluye la interpretación de las emociones, considerando estas como una actividad cognitiva. La comprensión de las emociones implica la interpretación de estas en quienes se encuentran a su alrededor, reconociendo que las personas pueden expresar emociones de enojo cuando en realidad no están enojados con usted, sino con la situación. . Así, mediante las habilidades, una persona aprende a manejar las emociones y reaccionar de manera adecuada y consistente. Por esta razón, el modelo de habilidades utiliza la autoconciencia, la autorregulación, la motivación, la empatía y las destrezas sociales.

En segundo lugar, hay un esquema mixto que integra diferentes tipos de cualidades de inteligencia emocional. A través de este esquema, se combina el conocimiento y la comprensión de los desencadenantes de emociones. Otro aspecto del enfoque mixto es que también cubre habilidades como la empatía. El modelo de enfoque mixto se refiere a competencias tales como la capacidad de detectar expresiones faciales. También hay otros componentes del esquema mixto que incluyen rasgos como el optimismo y actitudes como la orientación al servicio. Siempre que sea posible, también pueden incluirse otras cualidades, como ser inspirador. Es difícil evaluar todos los aspectos de la inteligencia emocional con un solo instrumento y esto requiere la necesidad de mezclar una variedad de herramientas dentro de una mega herramienta y luego crear una puntuación de coeficiente emocional.

De igual manera, al evaluar el esquema mixto es importante determinar cómo procesar la proporción de cada herramienta básica de inteligencia emocional a incluir. Por ejemplo, ¿utiliza más elementos del esquema de habilidades o de rasgos? Otro aspecto importante es cómo estas combinaciones impactarán en el resultado final ya que cada dato de entrada varía a pesar de conducir al mismo objetivo. Los defensores de este esquema argumentan que permite aprovechar las fortalezas de cada modelo y reducir las limitaciones de cada modelo individual.

Además, existe un esquema de rasgos que comprende en gran medida herramientas de autoevaluación. Los críticos de este esquema de inteligencia emocional piensan que la auto percepción no es lo suficientemente confiable para ser utilizada como herramienta excepto si es empleada para una reflexión personal. Puede ser difícil determinar correctamente como se desempeña usted al discernir sus emociones y manejarlas como un tipo de pensamiento que se nubla al tener crisis emociones. El rol principal de las herramientas de rasgos es ayudarle a reconocer como ve a los demás e interactúa con ellos desde una perspectiva emocionalmente inteligente. El enfoque de la autoevaluación se considera válido debido a que los individuos probablemente mostrarán sus rasgos innatos y el auto informe lo revelará de manera efectiva.

Las personas que trabajan en el área del comportamiento humano tienen como desafío la credibilidad de las autoevaluaciones en lo que respecta a los estados mentales. Por lo general, lo relativo a las experiencias subjetivas tiende a predominar en el auto informe, lo cual denota algo de sesgo. El sesgo individual impacta a su vez en la manera cómo se percibe a los demás. La inteligencia emocional es un compendio de competencias y habilidades que mejoran el desempeño de un individuo en el lugar de trabajo. Así entonces, la inteligencia emocional debe manejarse como una interconexión entre las competencias sociales y emocionales que impactan en el desempeño y el comportamiento.

En consecuencia, los esquemas de inteligencia emocional nos permiten diferenciar entre las emociones y la inteligencia emocional. Las emociones pueden considerarse como un estado inherente de la mente construido a partir del entorno, la historia y los contextos actuales. El origen de las emociones abarca las circunstancias, el entorno y el conocimiento, incluyendo las relaciones y los estados de ánimo. Las emociones de un individuo se ven afectadas por sus sentimientos y experiencias. La inteligencia emocional es la capacidad, habilidad y conciencia para reconocer, comprender las emociones y estados de ánimo particulares, así como su aplicación de manera positiva. Aprendiendo cómo manejar los sentimientos y emociones y aplicando esto, permitirá actuar y comportarse adecuadamente, tomar decisiones, auto gestionarse, abordar los problemas y liderar a los demás.

Al evaluar el esquema de la inteligencia emocional, es importante reconocer que, si bien el concepto de inteligencia emocional puede parecer sencillo de comprender, no lo es. El modelo de habilidades es considerado como una nueva inteligencia y se encuentra limitado por el criterio estándar aplicable a todas las inteligencias nuevas. Este modelo califica la percepción emocional tomando en cuenta las expresiones faciales, voces, el lenguaje corporal y las imágenes, entre otros. Mediante la percepción emocional usted puede reconocer las emociones de los demás. La percepción de las emociones, resulta entonces un concepto fundamental para la inteligencia emocional, por cuanto es importante completar cualquier otro de los procesos requeridos en el modelo de habilidades.

Ejercicio
a. Elija cualquier aspecto del esquema de inteligencia emocional y haga una crítica

Inteligencia emocional alta y baja

La mejor manera de diferenciar la inteligencia emocional alta y baja es presentar los atributos de cada tipo. Una persona con inteligencia emocional alta expresará sus sentimientos de manera clara y directa con oraciones de tres palabras tales como "Me siento..." Con una alta inteligencia emocional, una persona no enmascarará los pensamientos como sentimientos. Si usted tiene una inteligencia emocional alta, no tendrá miedo de expresar sus sentimientos. Aún más importante, una persona con alta inteligencia emocional no será dominada por emociones negativas. Así entonces no le dominarán sentimientos negativos como la culpa, vergüenza, preocupación, obligación, impotencia o desconcierto.

Además, un individuo con alta inteligencia emocional lee la comunicación no verbal con facilidad. Teniendo una inteligencia emocional alta, guiará sus sentimientos para tomar decisiones sanas y realistas. Las personas que pueden equilibrar los sentimientos utilizando la lógica, la razón y la razón tienen una gran inteligencia emocional. Teniendo una gran inteligencia emocional, podrá dejar de lado el deseo de actuar motivado por la fuerza, el deber o la obligación. Una inteligencia emocional alta le hará independiente, moralmente autónomo y autosuficiente. Una persona motivada por sí misma, tiene una alta inteligencia emocional. Un individuo que no está motivado por la riqueza, el poder, la fama, el estatus o la aprobación tiene atributos de inteligencia emocional.

Asimismo, si usted tiene una inteligencia emocional alta, entonces también será emocionalmente resiliente. Los demás atributos de una inteligencia emocional alta, incluyen el sentimiento de optimismo, pero también el realismo y se permiten ciertos niveles de pesimismo. Con una inteligencia emocional alta, un individuo no se tomará a pecho el fracaso. La capacidad de interesarse en los sentimientos de otras personas y sentirse cómodo hablando de los sentimientos, es considerada como parte de una inteligencia emocional alta. Si una persona no se paraliza por la preocupación entonces es probable que tenga una inteligencia emocional alta. La habilidad para identificar múltiples sentimientos concurrentes ayuda a desarrollar una alta inteligencia emocional.

Por otro lado, los atributos de baja inteligencia emocional incluyen no asumir la responsabilidad de los sentimientos, atribuyéndole la culpa a otras personas o al contexto. Si una persona no puede explicar cómo y por qué se siente de determinada manera, esto es un signo de baja inteligencia emocional. Una persona con poca inteligencia emocional intenta analizarle cuando expresa sus sentimientos. Dichas personas inician oraciones expresando "Creo que tú...". Los mensajes de una persona con inteligencia emocional baja, tienden a comenzar con "Creo que deberías... ". Las personas con baja inteligencia emocional pondrán la culpa en el otro. Otro signo de una baja inteligencia emocional es la tendencia a reservarse los sentimientos, lo cual corresponde con la deshonestidad emocional. Una persona con poca inteligencia emocional, minimizará o exagerará los sentimientos.

En consecuencia, las personas con baja inteligencia emocional permitirán que las cosas hiervan a fuego lento hasta que exploten, inclusive reaccionarán violentamente ante asuntos relativamente menores. La falta de integridad y sentido de conciencia es un signo de baja inteligencia emocional. Si una persona guarda rencor, este individuo muestra atributos de baja inteligencia emocional. Como es de suponer, estar con una persona con poca inteligencia emocional, resulta incómodo. Tales individuos actúan desde sus sentimientos en lugar de expresarlos. Cuando una persona se muestra insensible a los sentimientos de los demás, incluyendo el ser evasivos, esto es un signo revelador de baja inteligencia emocional. Al tener poca inteligencia emocional, su compasión y empatía serán perceptiblemente bajas.

Del mismo modo, la inteligencia emocional baja puede manifestarse a través de la rigidez cuando la persona es inflexible y necesita reglas y estructura para sentirse segura. Cuando una persona no está presente emocionalmente y da poco espacio para la intimidad emocional, demuestra entonces poca inteligencia emocional. Un individuo con inteligencia emocional baja no tomará en cuenta los sentimientos de los demás antes de actuar. Otro ejemplo de poca inteligencia emocional se refiere a un individuo inseguro y a la defensiva que tiene dificultades para reconocer los errores y expresar remordimiento de manera sincera. La mayoría de las personas con poca inteligencia emocional, aluden a la falta de otras opciones para justificar sus reacciones y comportamientos.

De igual manera, es importante destacar que un individuo con poca inteligencia emocional mostrará una visión parcial y estereotipada del entorno, con persistencia de emociones negativas. Estas personas tienden a ser excesivamente pesimistas y a invalidar la alegría de los demás. En algunas oportunidades, las personas con baja inteligencia emocional, pueden ser demasiado optimistas hasta el punto de ser poco realistas e invalidar los temores legítimos de los demás. Si una persona se siente decepcionada, incapaz, amargada, victimizada o resentida, probablemente muestre poca inteligencia emocional. Otro ejemplo de una baja inteligencia emocional ocurre cuando el individuo se obsesiona con un determinado camino, ignorando el sentido común o se retira ante la primera dificultad. Cuando la persona busca relaciones sustitutivas con mascotas y plantas, incluidos seres imaginarios, evitando las conexiones con las personas, esto podría demostrar también poca inteligencia emocional.

En este sentido, la baja inteligencia emocional se manifestará como un apego a las creencias motivado por la inseguridad y por evitar adoptar nuevos conceptos y puntos de vista. Una persona con poca inteligencia emocional describirá los detalles de un evento y lo que piensa sobre él, pero evitará expresar cómo se siente al respecto. Aquellos que no saben escuchar, que interrumpen o invalidad a otros podrían estar sufriendo de baja inteligencia emocional. Los otros atributos de baja inteligencia emocional incluyen la falta de expresión de las emociones, enfocándose en hechos en lugar de sentimientos.

Ejercicio

a. Para que se considere que una persona tiene inteligencia emocional baja o alta, los atributos indicados anteriormente deben ser consistentes y no solo características espontáneas. Utilizando los atributos sugeridos, describa a un compañero de clase o ex compañero de clase a quien usted clasifique como que posiblemente tenga una inteligencia emocional baja o inteligencia emocional alta

b. Busque un lugar tranquilo y revise sus acciones durante las últimas una o dos semanas. Saque una hoja de papel o una aplicación de procesador de texto y etiquétese "Candidato X". Califique la inteligencia emocional del Candidato X como alta o baja. Indique las características de lo asentado en la clasificación bien sea de inteligencia emocional baja o alta.

¿Por qué el desarrollo de la inteligencia emocional es crucial?

Desarrollar inteligencia emocional es importante por cuanto las emociones impactan los procesos cognitivos. Por ejemplo, es probable que evite correr riegos cuando se siente ansioso. El sentimiento de ansiedad hace que se perciba el entorno actual como incierto y evitar riesgos es común cuando un individuo se siente inseguro. Utilizando este conocimiento de las emociones, los comerciantes inteligentes reconocerán que serán reacios al riesgo cuando se sientan inquietos, mientras que aquellos con inteligencia emocional baja podrían no ser conscientes de este efecto. El ejemplo anterior sugiere que la alta inteligencia emocional puede aumentar las posibilidades de éxito en la vida en comparación con la baja inteligencia emocional. En general, la inteligencia emocional influye en los procesos cognitivos y, en última instancia, interviene o modera nuestras acciones en el lugar de trabajo y en el hogar.

Particularmente, la inteligencia emocional puede ser utilizada para aprovechar las emociones en actividades cognitivas y resolver problemas. Se afirma entonces que con los niveles requeridos de inteligencia emocional una persona puede adaptar su actividad cognitiva a una determinada situación. Piense en un individuo que propicia pensamientos de resultados negativos como una forma de motivar el desempeño en el lugar de trabajo. El control absoluto de las emociones así como la generación de las mismas para el impacto en los procesos cognitivos se llevará a cabo en personas con alta inteligencia emocional. Por otra parte, aquellos con baja inteligencia emocional, tendrán dificultades para generar las emociones necesarias para influir en los procesos cognitivos en el desempeño en el lugar de trabajo o en cualquier otro contexto.

A nivel personal, la inteligencia emocional le permitirá comprender sus emociones. Al comprender sus emociones obtendrá el poder de manejar las mismas. Si usted presta una atención adecuada a los pensamientos y sentimientos, será más sencillo manejar las emociones. El manejo de sus emociones le liberará de reaccionar de manera volátil ante las situaciones. Un estallido emocional consume gran parte de la energía mental y física. Mediante la inteligencia emocional usted aprenderá a frenar las reacciones a eventos y emociones, teniendo la capacidad de discernirlas ante cada situación. Todo esto, aumentará su autoconfianza y asertividad en la vida, una vez aprenda a manejar sus emociones.

De este modo, la inteligencia emocional, hará que usted pueda comprenderse a sí mismo, descubriendo las áreas específicas que necesita mejorar. Solo puede trabajar en su debilidad si comprende las áreas en las que tiene dificultades. Afortunadamente, la inteligencia emocional abarca la autoconciencia, la cual es el proceso a través del cual una persona se comprende a sí misma. El reconocimiento de las emociones percibidas forma parte de las habilidades de conciencia emocional. Un ejemplo de esto ocurre cuando un estudiante se autoevalúa y se da cuenta que se siente incómodo al recibir cualquier forma de retroalimentación negativa, como ser reprendido o rechazado por el sexo opuesto.

Otro aspecto importante es que el desarrollo de la inteligencia emocional permite que un individuo comprenda el lenguaje emocional. La capacidad para reconocer correctamente el vínculo entre las emociones y las palabras, así como la clasificación de las emociones propias y ajenas es parte integral de la inteligencia emocional. Algunos individuos están dotados de la capacidad de utilizar el vocabulario correcto que corresponda con las necesidades emocionales del contexto. Esas personas se dan cuenta cuando están avergonzadas y probablemente expresen sus sentimientos utilizando un término apropiado. Aunque parezca solo otra discusión más sobre la comunicación efectiva, la habilidad para comprender el lenguaje emocional va más allá de los estándares de comunicación efectiva. En este caso, el comunicador deliberadamente busca comprender las emociones que generarán las palabras utilizadas a medida que expresa libremente sus sentimientos.

Quizás el mejor ejemplo de inteligencia emocional, fue el momento cuando el fallecido ex Secretario General de las Naciones Unidas, Koffi Annan, dirigió una negociación en Kenia mientras el país estaba experimentando una violencia postelectoral que casi escaló una guerra civil nacional. Cada una de las partes antagónicas estaba cargada de emociones y repetidamente intentaron desestabilizar la mentalidad Koffi Annan. Como mediador principal, Koffi Annan logró mantener la calma y trató de escuchar cada parte interviniente reconociendo sus frustraciones y otras emociones, al tiempo que permitió la manifestación de las emociones pero bajo control. Así entonces, la inteligencia emocional aumenta la capacidad de mantener la calma en un entorno cargado de emociones y esto otorga más control y valor.

Mediante la educación en inteligencia emocional, se aprende a emplear las estrategias necesarias de regulación emocional. Anteriormente señalamos la importancia de entender las emociones propias pero esto podría no resultar de ayuda si no se tiene la capacidad de implementar formas para manejar las emociones una vez sean identificadas. Afortunadamente, la inteligencia emocional abarca estrategias para el manejo de emociones particulares. Piense que usted se da cuenta que se altera emocionalmente cuando recibe comentarios negativos en público. Ahora que conoce su debilidad, necesitará una estrategia adecuada para manejar esa emoción. Empleando las competencias de inteligencia emocional como la autoconciencia, las habilidades sociales y el manejo de la ira, aprenderá a expresar de forma apropiada la emoción negativa.

Ejercicio

a. En sus propias palabras, describa tres maneras en las que el desarrollo de la inteligencia emocional resulta importante a nivel personal.

Gestión de la autoestima y de las relaciones

Es necesario destacar que, usted solo puede relacionarse adecuadamente con los demás si tiene la capacidad de relacionarse bien con su yo interno. La buena gestión de las relaciones debe comenzar internamente y extenderse al exterior. Al centrarse en sí mismo, la inteligencia emocional influye en sus acciones y pensamientos, debido a que sirven como refuerzo. Piense cuando está enojado y golpea la mesa, después de un tiempo reflexiona sobre la situación que le hizo golpear la tabla y probablemente se quejará o se sentirá emocional y físicamente agotado. Todos estos sentimientos y acciones se refuerzan mutuamente, extendiendo el ciclo. Se necesita inteligencia emocional para romper o manejar este ciclo.

Cuando una persona cuenta con los niveles requeridos de inteligencia emocional, mejorará la forma en que maneja o identifica las emociones, incluyendo la reacción a los sentimientos de los demás. Cuando nos volvemos emocionalmente estables, comenzamos a crecer, obteniendo una amplia comprensión de lo que somos y esto permite comunicarnos mejor que los demás. Solo es posible establecer relaciones más fuertes con los demás cuando tenemos los niveles requeridos de inteligencia emocional. Por ejemplo, practique identificar cómo se siente e intente vincular a cómo lo expresa. Es importante que deje que sus emociones se manifiesten en lugar de retenerlas.

Con una buena inteligencia emocional individual, usted comenzará a trabajar en sus habilidades sociales para mejorar la gestión de las relaciones. Al interactuar con las personas, debe tomar conciencia de sus emociones y reacciones, así como de las de los demás. El proceso de atender sus necesidades emocionales, así como reconocer las necesidades emocionales de los demás, es una parte crítica de la gestión de las relaciones. Los integrantes de un grupo quieren estar donde se sientan cómodos y respetados. Todas estas necesidades son altamente perceptibles, mediante el lenguaje corporal, la dicción y el tono de voz, y al igual que las acciones, tienen un impacto importante en las relaciones. Piense que le está comentando a su supervisor que no se encontraba bien y que este se encuentra ocupado escribiendo y escuchando música.

Otro aspecto importante de la autogestión y la gestión de relaciones es el manejo de la asertividad. . Ser asertivo no implica ser dominante sino simplemente dar a conocer su posición, buscando que otros la reconozcan y respeten. La asertividad en una relación puede ser una fuente de fricción cuando cualquiera de las partes no reconoce el concepto de asertividad. Piense en un individuo tratando de afirmar su opinión y la otra persona malinterpretando esto, asumiendo que el primer individuo busca hacer prevalecer su opinión a cualquier costo. Afortunadamente, la inteligencia emocional permite percibir las reacciones de la otra persona y tenerlas en cuenta al sostener sus puntos de vista.

Del mismo modo, ser consciente del comportamiento propio, constituye parte de la autogestión y la gestión de las relaciones. Si usted no es consciente de sus acciones, entonces no es consciente de cómo impactan en los demás. En una relación, siempre debe pensarse en cómo las acciones individuales afectarán a los demás. Mediante la inteligencia emocional, se aprende a reconocer y observar su comportamiento. A medida que practique, trate de notar el sentimiento particular y la reacción coincidente que expresa. La intención de este aspecto de la inteligencia emocional es tomar conciencia de las emociones y como se reacciona ante ellas, para gestionarlas mejor. Sus emociones individuales afectarán la relación con los demás.

Otro problema que puede afectar, tanto a uno mismo como a las relaciones, se refiere a reconocer y desechar estereotipos y sesgos arraigados. Honestamente, hemos arraigado estereotipos y prejuicios contra ciertas religiones, razas, sexos y lugares, y esto se manifiesta sutilmente en nuestras reacciones emocionales y en la comunicación, incluyendo los comportamientos. Es importante aprender a cuestionar las opiniones como una forma de auto evaluación para determinar cualquier estereotipo o sesgo. Una reacción emocional que muestra elementos de sesgos o estereotipos tensará significativamente sus relaciones con los demás ya que sus debilidades en relación a la inteligencia emocional se percibirán como intencionales, incluso cuando no lo sean.

Por último, pero no menos importante, ser responsable ante sí mismo y ante los demás. Asumir la responsabilidad de sus emociones, reacciones y acciones es fundamental para construir relaciones honestas y sostenibles. Aprender a ser responsable ante uno mismo antes de expresar la responsabilidad en un entorno grupal. Imagine que un colega le habló groseramente a un cliente pero dicho colega no quiere asumir la responsabilidad por la opinión negativa dada por el cliente y ahora todo el equipo de ventas de ese día debe asumir la culpa por un individuo. Sin lugar a dudas, esto causará tensión en el referido equipo de ventas.

Ejercicio

a. El autor afirma que una buena relación solo puede darse cuando cada individuo trabaja en su inteligencia emocional. ¿Estás de acuerdo o en desacuerdo con esta afirmación? ¿Por qué?

b. De ejemplos de su propia experiencia sobre cómo funcionó o no la autogestión y la gestión de relaciones.

La inteligencia emocional en el lugar de trabajo

Como resultaba predecible, la inteligencia emocional impacta de varias maneras en el lugar de trabajo. Una de las formas en que la inteligencia emocional influye en las empresas es que la referida inteligencia puede propiciar la toma de mejores decisiones comerciales. Tomar decisiones implica distintas técnicas de obtención de información y razonamiento grupal. La mayoría de las decisiones comerciales se toman a través de reuniones y estas requieren que cada participante se mantenga consciente de sus emociones y las de los demás, así como de sus reacciones. En un ambiente en el cual se aprecia y respeta a cada miembro, es probable que todos los miembros participen de manera activa y honesta en sesiones de lluvia de ideas que conduzcan a una visión rica y múltiple de los problemas sometidos a discusión. De esta manera, la inteligencia emocional se aplica para lograr que la reunión sea respetuosa y complaciente para todos. La otra forma en que la inteligencia emocional aumenta la calidad de las decisiones comerciales es mediante la previsión de cómo los destinarios de las decisiones reaccionarán y se comportarán, ajustando la decisión final de acuerdo a esto.

Además, es probable que los empleados con un umbral de inteligencia emocional actúen de forma decente y digna. Posiblemente los empleados con, al menos, un nivel promedio de inteligencia emocional sean complacientes, considerados y respetuosos al interactuar con sus pares y con el público. La inteligencia emocional requiere la determinación de las debilidades y actuar en consecuencia. Cuando un empleado reconoce sus prejuicios arraigados y busca formas de eliminar este sesgo, es probable que parezca de mente abierta y esto facilitará la interacción con diversos grupos. Al pensar en cómo se sienten o se sentirán los demás, un empleado podrá ajustar la dicción y la reacción para ser sensible a los demás. Los entornos de trabajo modernos son diversos, con diferentes etnias, géneros, afiliaciones religiosas y orientaciones sexuales por lo que se requiere un personal adaptable.

Igualmente importante es que los empleados con alta inteligencia emocional probablemente resuelvan conflictos de manera más exitosa en comparación con aquellos que no lo hacen. Los conflictos son inevitables debido a la naturaleza única del comportamiento humano y la mente humana. Un ambiente de trabajo diverso aumenta el riesgo de conflictos. Cuando se producen conflictos, es probable que los empleados con inteligencia emocional los resuelvan fácilmente, ya que las competencias de la inteligencia emocional requieren pensar en cómo se sienten los demás. Las habilidades de resolución de conflictos también se encuentran entre las competencias derivadas de la inteligencia emocional. La práctica de aprender a dejar de lado los prejuicios y considerar cómo se sienten los demás puede reducir significativamente las tensiones en una organización y todas estas son demostraciones de competencias de inteligencia emocional.

Además, los líderes que tienen una alta inteligencia emocional suelen manifestar una mayor empatía. Otro aspecto de la utilidad de la inteligencia emocional en el lugar de trabajo concierne a los líderes de equipo. Las acciones y reacciones de los líderes afectarán la productividad del equipo y, finalmente, la productividad general de la organización. Es probable que un líder con alta inteligencia emocional sea percibido como empático y esto podría mejorar el atractivo del líder para el equipo. Asimismo, tener un líder con alta inteligencia emocional, es importante ya que este podrá predecir el impacto de las nuevas pautas y cambios incluso antes que sean implementados y en consecuencia mejorará las posibilidades de éxito.

Así entonces, es probable que los empleados con alta inteligencia emocional reflejen, escuchen y respondan a las críticas constructivas. Debe destacarse que los empleados que presentan una alta inteligencia emocional plausiblemente se involucren en la auto reflexión, escuchen con atención y respondan a críticas útiles. La auto reflexión es esencial para la mejora continua de los empleados y en algunos profesionales está directamente relacionada con la calidad, como en el campo de la salud. La mayoría de las personas tienen dificultades para reaccionar a las críticas, incluso cuando tales críticas son constructivas. Afortunadamente, la inteligencia emocional prepara a cada persona para buscar y recibir comentarios y aprender de ellos. En este contexto, es probable que los empleados con altos niveles de inteligencia emocional mejoren al comprender y aprender de la crítica constructiva. En general, la productividad de la plantilla de personal de la organización mejorará cuando sus trabajadores exhiban altos niveles de inteligencia emocional.

Una de las maneras en que los empleados pueden mejorar su inteligencia emocional es mediante la autoconciencia. Tome nota de cómo se siente en el momento del día. Pregúntese cómo las emociones observadas impactan su respuesta. Es necesario que determine sus emociones y cómo influyen en sus actividades rutinarias. Haga una evaluación de sus debilidades y fortalezas emocionales. Por ejemplo, la ira es una emoción, pero la forma en que la expresa o la maneja puede ser una debilidad. En este contexto, las emociones negativas no son debilidades, sino la forma en que se reacciona ante ellas y como se manejan; por ejemplo golpear la mesa cuando está enojado, es una debilidad emocional. Permitir que la ira prolongue su estadía en su mente es una debilidad.

Ejercicio
a. Utilizando dos o tres oraciones de una visión general sobre cómo la inteligencia emocional influye en los lugares de trabajo.
b. ¿Por qué cree que la inteligencia emocional es crucial en un entorno de trabajo diverso?

La inteligencia emocional y las relaciones

Cuando se aplica a las relaciones, la inteligencia emocional mejorará el valor y la experiencia de las relaciones. Una de las formas en que la inteligencia emocional impacta las relaciones es que le permite al individuo leer las emociones de los demás. Como se indicó anteriormente, las relaciones saludables florecen cuando aprendemos a reconocer y respetar las emociones de otros. Reconocer las emociones de los demás les hace sentir que nos importan y que estamos conectados en varios niveles. Las habilidades para reconocer las emociones de otros involucran competencias de inteligencia emocional que incluyen la autoconciencia y la regulación emocional, entre otras. Piense en formar parte de un grupo donde los sentimientos de cada miembro son reconocido y respetados. Los miembros de ese equipo se sentirán conectados, apreciados y libres entre ellos.

En segundo lugar, las personas emocionalmente inteligentes escucharán para comprender y manejar sus emociones individuales. Entenderse a sí mismo y al otro es parte integral de las competencias de inteligencia emocional. Aprender a escuchar con empatía permite captar el tono y el estado de ánimo de la comunicación, comprendiendo el mensaje a profundidad. Comprender el mensaje que se comunica es vital para reconocer cómo se siente la otra persona y respetar el sentimiento en lugar de juzgarlo. Sin embargo, mientras se escucha activamente, es posible que las emociones se activen y esto requiere un manejo efectivo de las mismas. Piense en escuchar a un colega quejándose del supervisor, sin saber que este fue su compañero de clase. En este ejemplo, mientras escucha activamente, es probable que sus emociones individuales afloren y resulta vital que las maneje.

En tercer lugar, la inteligencia emocional le permitirá comprender que sus pensamientos desencadenan emociones y manejar los pensamientos ayuda a regular las emociones. La mayoría de las personas pasan por alto el poder de sus pensamientos para desencadenar emociones y reacciones emocionales posteriores. Nuestras emociones son una función de nuestros pensamientos y saber esto implica la posibilidad de controlar nuestras emociones manejando nuestros pensamientos. Para cada uno de nosotros, es más fácil controlar los pensamientos antes de que se conviertan en emociones. Las emociones requieren una liberación completa para restablecer el equilibrio, pero con los pensamientos, podemos interrumpirlas de manera segura sin dañar significativamente el equilibrio de la mente. En este sentido, deben comprenderse los pensamientos y activarse estrategias para manejar dichos pensamientos antes que se conviertan en emociones. Por ejemplo, si usted considera que no tiene valor y que no es valorado en el lugar de trabajo, probablemente se sienta perturbado y se retraiga.

En cuarto lugar, una persona emocionalmente inteligente reconocerá que existe un vínculo entre las acciones propias y las reacciones emocionales de otras personas. La forma en que reaccionamos influye emocionalmente en nuestras acciones. La existencia de esta relación debería motivarnos a manejar nuestras emociones para mejorar la forma en que nos comportamos, ya que esto afecta a los demás. Usando el mismo ejemplo en el que se siente perturbado, es factible que camine continuamente, se sienta inquieto y no escuche a quienes intentan hablar con usted. Resulta plausible que quienes lo rodean se sientan ignorados o noten que está agitado. Su reacción puede continuar afectándolos, ya que podrían evitar llevar un informe a su escritorio o podrían reunirse informalmente para descifrar lo que le está molestando. La conclusión de este argumento es que nuestras emociones y acciones individuales pueden tener un efecto réplica negativo o positivo en aquellos con quienes nos relacionamos.

En quinto lugar, determine qué lo calma y utilícelo. Cuando se trata de aplicar inteligencia emocional en una relación, es importante descubrir qué funciona para usted y utilizarlo tan a menudo como sea posible. Usando el ejemplo de la agitación, a algunas personas, caminar les ayuda a calmar la ira. Otras cuando están agitadas y en casa prefieren bailar. El atributo común de lo que le ayuda a calmar una emoción es que involucra otra actividad que lo distraiga de los pensamientos y convierta la energía emocional en física. En la mayoría de los casos, tratar de convertir la energía emocional en energía física funcionará, pero desafortunadamente cuando se trata de actividades que involucran daño, este enfoque podría no ser ético o criminal en el peor de los casos.

En sexto lugar, preste atención a la conciencia social para permitir el control de sus pensamientos a largo plazo. Dado que sabemos que los pensamientos desencadenan emociones, el enfoque central al manejar las emociones debe estar en los pensamientos. Una profunda revisión del problema nos hace concluir que el medio ambiente influye en nuestros pensamientos mediante experiencias pasadas, desencadenantes ambientales y el contexto de la situación. Por esta razón, la conciencia social es esencial para manejar los pensamientos y eventualmente gestionar las emociones que conducen a relaciones saludables. Si usted posee conciencia social, entonces tiene un control significativo de sus pensamientos y, en consecuencia, de sus emociones.

Ejercicio
a. El autor hace una afirmación interesante acerca que una de las formas efectivas de administrar la energía emocional es convertirla en energía física. Por ejemplo, cuando se siente decepcionado, usted puede correr por la pista para desviar su mente del pensamiento negativo y la emoción correspondiente. ¿Está de acuerdo? Si no, ¿por qué?

Capítulo 2: La Aplicación de la Inteligencia Emocional

Manejo de los impulsos

Un pensamiento o emoción repentina, que resulte abrumador se conoce como un impulso. Cuando se trata de la inteligencia emocional, un impulso es una emoción irresistible. La regulación de un impulso implicará buscar aumentar o disminuir la intensidad de la emoción deliberadamente, así como comprometerse a no actuar por un deseo. Las habilidades necesarias para manejar un impulso incluyen la capacidad de decisión y control de hacia dónde dirige la atención. Recuerde que nuestras emociones se originan en nuestros pensamientos y esto implica que aprender a controlar los pensamientos conllevará un mejor manejo de las emociones. Puede dirigir su atención a determinados pensamientos o alejarla de ellos, como una forma de manejar los impulsos. En este sentido, aprender a tomar una decisión y administrar hacia donde dirige su atención conllevará a una mejor gestión de los impulsos.

Adicionalmente, debe aprenderse como detener la tentación de actuar por deseo. Para ello, debe desarrollarse la conciencia emocional y social. Una de las formas para desarrollar la conciencia emocional es crear un diario de emociones específicas y cómo reaccionó ante ellas. Llevando un diario de las emociones frecuentes y cómo se manifiestan, se puede desarrollar una intervención destinada a ralentizar o detener los factores desencadenantes que causan esa emoción. Si se siente irritado en ciertos días y logra determinar las causas subyacentes, entonces es aconsejable controlar esos factores en lugar de controlar la reacción posterior. El deseo es dejar que se manifieste toda su ira, mientras que la intervención sugerida es desalentar a su mente y disfrutar del control total de la emoción. Esta medida es aprendida mediante la práctica durante un período de tiempo considerable.

De igual manera, es necesario pensar en cosas que le calmen cuando se sienta muy susceptible. Cuando se sienta eufórico o irritado, se sugiere que desvíe su mente a pensamientos que la calmen. Al intervenir de esta manera, es probable que deba apartarse temporalmente del presente para llevar la mente a experiencias pasadas que le generen calma. Por ejemplo, puede pensar en el momento en que ganó su equipo favorito y saltó para celebrar para así tener la capacidad de recuperarse ante una situación decepcionante. Por otro lado, puede llevar su mente a una experiencia pasada en la que estaba emocionado y comenzó a gastar hasta que esto le causó problemas para cubrir sus gastos cotidianos, cuando se sienta entusiasmado por recibir un aumento salarial. Lo importante aquí es aprender a desviar su mente hacia cosas que la calmen cuando esté muy excitado o irritado.

En consecuencia, es importante y crucial para combatir los impulsos, desarrollar adaptabilidad demostrando flexibilidad al enfrentar situaciones cambiantes. Las dificultades para manejar los impulsos sugieren que el individuo tiene dificultades para permitir el ajuste entre la mente y el cuerpo. De este modo, permitir impulsos resulta tentador como una forma de dejar que los deseos del cuerpo y la mente triunfen y consume menos energía mental. Por fortuna, aprender a ser adoptable y flexible en los pensamientos y acciones, aumentará sus competencias para manejar los impulsos. Por ejemplo, en lugar de expresar siempre su enojo por sentirse decepcionado, puede aceptar que a veces uno debe ser ridiculizado. Una vez que usted da un espacio para otros resultados y reacciones ante una emoción específica, puede salir de manera segura del colapso emocional mediante la selección de la acción menos desfavorable.

También es necesario que usted desarrolle un conjunto de valores que lo ayuden a controlar sus deseos. Es importante el desarrollo de un conjunto de valores y principios que guíen al individuo en cualquier situación. En resumen, al tener un conjunto de valores, se entrena la mente para aprender a actuar de una determinada manera, que podría ser contraria a los impulsos. Por ejemplo, si uno de sus valores es mantener la calma ante cualquier situación, entonces está entrenando su mente para aceptar decepciones y procesar la ira de una manera civilizada. En este sentido, desarrollar un conjunto de valores, ayuda a demarcar el límite de los impulsos y establece el camino para desarrollar la conciencia emocional y la autorregulación.

Ejercicio

a. Haga una lista de tres impulsos que usted enfrenta o ha enfrentado.

b. Sugiera formas en que usted pueda mejorar el manejo de estos impulsos utilizando las competencias de inteligencia emocional.

c. En segmentos anteriores del libro, el autor alentó la expresión de las emociones al argumentar que las emociones son una forma de energía y que debe ser disipada para ayudar a restaurar el equilibrio emocional de la mente. Sin embargo, en este segmento, el autor sugiere que los impulsos deben controlarse. La razón principal de este argumento es que los impulsos son aspectos individuales de las emociones, ya se pierde temporalmente cualquier forma de control de la emoción. ¿Está de acuerdo con esta afirmación? ¿Por qué?

Manejar las dificultades y los contratiempos

Las situaciones de dificultad siempre existirán porque en algún momento debemos tomar riesgos así como también hay factores externos que se escapan de nuestro control. Una de las formas efectivas para manejar los contratiempos, es evaluar la situación evitando circunstancias que activen emociones adversas. Por ejemplo, si se siente agitado cuando se acerca una fecha límite, se sugiere comenzar a planificar y trabajar con anterioridad, dividiendo el trabajo en módulos. Puede ir más allá e informar a sus colegas que los plazos cortos podrían hacerle reaccionar negativamente. Siempre que sea posible, cambie de entorno para alejarse de los detonantes, especialmente cuando estos no son seres humanos. Si está bajo presión para completar una tarea, un ambiente ruidoso puede agravar su reacción emocional ante la situación. Cambiar el entorno o tratar de eliminar el ruido, en este caso, podría mejorar su manejo de la próxima fecha límite.

En segundo lugar, aprenda a adaptarse a la situación. La principal razón para esto es que no siempre tenemos la capacidad de controlar el entorno. Para situaciones que no podemos controlar, aprender a adaptarse es útil para evitar una reacción emocional negativa. Por ejemplo, si lo despiden del trabajo, es importante que no se quede atrapado luchando contra la decepción para siempre. Sería útil ajustar su mente y estilo de vida a su nuevo estado de persona desempleada. Con este ajuste, resultará mucho más fácil comenzar a reconstruir sus ambiciones y su vida. Las personas que no tienen la capacidad de aprender y desaprender podrían presentar dificultades para adaptarse a situaciones que aumenten la probabilidad de reacciones emocionales adversas. Sin embargo, existen algunas situaciones en las que incluso las personas con alta inteligencia emocional pueden tener dificultades para adaptarse, como el duelo o el divorcio.

También es importante aprender a redirigir su enfoque. Es humano querer sobresalir y ser tomado en cuenta entre las personas influyentes. Por esta razón, nuestras mentes tienden a centrarse en las ambiciones o en lo que consideramos la vida ideal. La carga permanente en la mente para procesar solo noticias y deseos positivos aumenta la inquietud y la incapacidad de reconocer y procesar comentarios negativos en las interacciones cotidianas. Por ejemplo, usted compitió en una actividad deportiva y su equipo fue descalificado. Todos los miembros del equipo se sienten decepcionados, pero usted también está enojado con uno de los miembros del equipo que se presentó tarde al entrenamiento y cree que podría haber tenido un mejor desempeño. Cada vez que deja que su mente divague sobre las posibilidades de lo que habría sido de su equipo de no ser por ese miembro, sus emociones negativas se acentúan.

Tomando en cuenta las estrategias anteriores en el manejo de contratiempos, los pensamientos van cambiando. Como se indicó anteriormente, los pensamientos impactan las emociones y eventualmente la reacción emocional. Si bien parece fácil, cambiar los pensamientos podría ser un desafío. Cambiar los pensamientos requiere dejar que la mente suelte algo que está tratando de resolver. Afortunadamente, mediante la reevaluación cognitiva es posible reemplazar los pensamientos adversos con pensamientos constructivos. Además, al aprender a relajar la mente, aumentan sus habilidades para manejarse en situaciones difíciles. Es posible que apegarse a los pensamientos negativos pueda vincularse con problemas de autoestima, pero todos tendemos a lidiar con los pensamientos negativos como una forma de resolver una situación desafiante. Con una buena práctica, usted aprenderá a dejar ir los pensamientos negativos reemplazándolos con pensamientos positivos.

A veces todo puede fallar y en ese caso, el control emocional es la mejor medida. En esta estrategia, el individuo se enfoca en manejar las emociones que se manifiestan. Por ejemplo, usted no puede evitar un episodio de ira, por lo que se concentra en manejar la ira que va creciendo, alejándose, yendo al baño, tocando música o informando a la otra persona que tomará un descanso porque está irritado. Algunas personas manejan la ira sentándose, cambiando las expresiones faciales o bajando y subiendo las escaleras. Debe destacarse que, la regulación emocional puede darse tanto para emociones positivas como negativas. Estar muy exaltado puede hacer que sea difícil continuar con una discusión y usted debería pensar en cómo se comportan los ganadores de premios musicales o loterías. Piensa en alguien que no puede parar de reír cuando todos los demás están tristes.

Ejercicio

a. Collins trabaja en uno de los principales exportadores de gafas. Debido a la naturaleza de los productos, la empresa tiene una rutina de trabajo estricta. Collins es el supervisor de un equipo de 14 personas. Cuando el equipo no procesa los pedidos a tiempo y el cliente amenaza con cancelar el pedido, Collins se pone ansioso, agitado y, a veces, casi abusivo. A partir de esta narrativa, ¿identifica la situación desafiante? Asumiendo que los retrasos en el procesamiento no pueden eliminarse por completo, ¿cómo puede Collins mejorar su reacción ante los contratiempos? ¿Cómo pueden los empleados que trabajan bajo el mando de Collins mejorar la forma en que manejan la situación desafiante en la cual su jefe podría no entender que no tienen la culpa?

Manejar el estrés y la ansiedad

Primero, identifique el origen del estrés. Como con cualquier problema, solo puede desarrollar una solución efectiva cuando comprende el detonante de su estrés. Aunque parezca una labor sencilla, no lo es. Algunos de los principales factores estresantes incluyen mudarse, cambiar de trabajo, divorciarse o aumentar la carga de trabajo, ya sea en casa o en la oficina. Uno de los aspectos que contribuyen al estrés y que pasamos por alto son nuestros pensamientos, comportamientos y sentimientos individuales que aumentan los niveles de estrés cotidiano. Por ejemplo, podría no ser el trabajo lo que estresa, sino el miedo a no cumplir con ese trabajo. Una estrategia efectiva para determinar la fuente de ansiedad es llevar un diario de las emociones y las reacciones correspondientes. A partir del diario personal de sus emociones, tendrá la oportunidad de evaluar su ansiedad y los desencadenantes.

En segundo lugar, acepte que tiene estrés y ansiedad. El segundo paso fundamental en el manejo del estrés es reconocer que lo tiene. La mayoría de las personas con estrés y ansiedad rara vez aceptan que tienen el padecimiento hasta que el mismo avanza. Parte de esta renuencia a aceptar el estrés y la ansiedad se debe a que se toma como una forma de debilidad mental y una incapacidad para hacer frente a situaciones exigentes. Todos estos estereotipos apuntan a señalarlo como inútil porque todos los lugares de trabajo presentan situaciones exigentes. Sin embargo, el estrés y la ansiedad no son debilidades, sino una demostración que el circuito de retroalimentación de su cuerpo está funcionando.

En tercer lugar, reconozca y acepte su papel en la generación de estrés y ansiedad. Otra falla en el manejo del estrés y la ansiedad es culpar a las situaciones y personas ajenas a nosotros. En realidad es que nosotros participamos en provocar el estrés y la ansiedad. Por ejemplo, si no se planifica el trabajo durante la temporada alta, posiblemente deba enfrentarse una mayor carga de trabajo en un período de tiempo corto. Si no se incorpora a espacios sociales, es probable que acumule emociones que puedan precipitar la ansiedad. Cuando reconozca el papel que usted mismo desempeña en la generación de estrés y la ansiedad, se comprometerá a mejorar esto para obtener resultados positivos en relación al manejo de la ansiedad.

En cuarto lugar, aun tomando las medidas anteriores, es importante que mantenga un diario de estrés. El propósito del diario de estrés es ayudarle a identificar los desencadenantes cotidianos del estrés en su vida y la forma en que usted interviene. Es probable que note que, en la mayoría de los casos, rara vez interviene ante estos factores estresantes o aplica consistentemente intervenciones ineficaces. El otro objetivo de un diario de estrés se trata de ayudarle a desarrollar un plan de intervención efectivo a largo plazo después de determinar la naturaleza de los factores desencadenantes del estrés y cómo reacciona normalmente ante el estrés. Si bien esta sugerencia parece fácil de implementar, la mayoría de las personas no suelen sentirse motivadas a escribir uno de sus momentos desafiantes, pero después de varios intentos, logran llevar un diario de estrés.

Además, debe evitarse el estrés y la ansiedad innecesarios. Después de identificar las fuentes de estrés en su vida, es probable que reconozca que no todas estas fuentes son necesarias. Por ejemplo, no es necesario estar demasiado preocupado por su productividad en el lugar de trabajo si planifica y comprende bien sus tareas laborales. Si aprende a dejar ir los pensamientos de decepción y acepta que no todos podemos alcanzar el mismo nivel al mismo tiempo, comenzará a enfocarse en los aspectos positivos de su vida. Si define sus límites y los afirma, podrían aliviar algunas de las presiones. De hecho, el estrés no es completamente evitable, pero no todo el estrés es necesario. Por ejemplo, puedes elegir evitar a las personas que le cansan emocionalmente.

Por último, pero no menos importante, gestione su entorno. El entorno contribuye con una parte importante a su estrés y ansiedad, pero puede manejarse de forma limitada. Por ejemplo, si las noticias de la noche le ponen nervioso, puede apagar la televisión. Si el tráfico le agita, puede salir de la casa antes de lo acostumbrado o usar una ruta diferente. Otra forma de manejar los factores ambientales que desencadenan el estrés es hacer una lista de tareas pendientes, cómo las cumplirá y lo que sucede cuando no puede. En esencia, está diseñando un plan de acción, así como un plan de contingencia.

Ejercicio

a. A veces es difícil prevenir una situación estresante. En este caso, debería considerar alterar la situación para aumentar las posibilidades de calmar la ansiedad o el estrés. A partir de sus experiencias pasadas, enumere dos momentos en los que sintió estrés que no podía sortear y cómo lo superó.

En el lugar de trabajo

La inteligencia emocional es crucial en el lugar de trabajo en diversos sentidos. Una de las formas en que la inteligencia emocional es útil en el lugar de trabajo es para ayudarnos a comprender nuestras emociones y cómo afectan a los demás. Algunas personas no identifican sus emociones y esto les dificulta manejarlas, así como reconocer cómo sus reacciones impactan a los demás. Afortunadamente, la inteligencia emocional puede ayudar a un empleado a reconocer sus emociones y auto regularse para evitar que sus emociones sean una carga. Los entornos laborales se están volviendo cada vez más diversos y es importante que reconozcamos nuestras emociones y cómo su manifestación impactará a las personas de otras etnias, género, orientación sexual o religiones. Por ejemplo, si estás enojado y expresas ese enojo cuando hablas con un grupo minoritario, podrían interpretar su reacción emocional como un menosprecio a ellos o sus esfuerzos.

Además, la inteligencia emocional permite a los trabajadores desarrollar habilidades sociales. Los empleados trabajan principalmente con otros y con el público. La inteligencia emocional es un presupuesto de la inteligencia social. Los trabajadores que usan la inteligencia emocional, pueden visualizar cómo se siente la otra persona y ajustar la comunicación para que sea considerada pero efectiva. En ausencia de inteligencia emocional, a un empleado no le importaría mucho cómo se siente la otra persona y muestra su carencia de habilidades sociales. Podría argumentar que contar con una alta inteligencia emocional predispone a desarrollar habilidades sociales que son admiradas en los lugares de trabajo. Piense en un ingeniero altamente calificado que se considere temperamental y la mayoría de los trabajadores eviten involucrarlo en temas desafiantes. Los entornos de trabajo están segmentados y cada categoría de empleados debe interactuar sin esfuerzo con otros dentro la organización.

Adicionalmente, la inteligencia emocional puede ayudar a los empleados a comprender sus acciones ante los clientes y el público en general. Cuando los empleados entiendan cómo se sentirá el público, actuarán de manera considerada. Piense en un empleado que entiende que desarrollar una solución ineficaz irritará al cliente; Es probable que dicho empleado trabaje diligentemente para ofrecer una solución efectiva a los clientes. Del mismo modo, es probable que los empleados con una alta inteligencia emocional se relacionen bien con los clientes al escuchar con empatía y hablar con consideración. A partir de estos ejemplos, la inteligencia emocional ayuda a humanizar las acciones de los empleados, dándole a la organización un rostro humano. Piense en las empresas que lo tratan con respeto y se muestran dispuestos a escuchar y actuar de acuerdo a sus opiniones.

Otro aspecto importante de la inteligencia emocional es que puede ayudar a mejorar la comunicación cotidiana. Los empleados siempre están involucrados en la comunicación en sus entornos laborales. Es mediante esta forma de comunicación que algunos empleados se sienten incómodos y ofendidos por sus colegas. La incomodidad puede convertirse fácilmente en disgustos entre compañeros y afectar la productividad. Sin embargo, con inteligencia emocional, los empleados aprenden a leer los sentimientos de los demás e incluso predicen cómo reaccionarán sus colegas ante determinada noticia. Utilizando la inteligencia emocional, el emisor ajustará o detendrá la comunicación si incomoda a otros. Piense en uno de sus colegas burlándose de los musulmanes sin saber que sus suegros son musulmanes y preguntándose por qué parece no estar interesado en la broma.

Para los líderes, la inteligencia emocional puede ayudarlos a cultivar su empatía. Es probable que un líder con altos niveles de inteligencia emocional sea percibido como un líder atento y accesible. Un líder empático escucha las emociones de la audiencia y presta atención al valor emocional de la comunicación. En pocas palabras, un líder con gran inteligencia emocional es un líder que escucha y es probable que los miembros del equipo se sientan valorados en dicho entorno. Ahora piense en un líder al que no le importa cómo se sienten los demás cuando se comunican. Es probable que los miembros de dicho equipo se sientan infravalorados y desmotivados. La ventaja de tener un equipo motivado es que hay menos necesidad de supervisión y la rotación de empleados es baja.

Igualmente importante es que la inteligencia emocional es fundamental para resolver conflictos. Como se indicó anteriormente, los conflictos son inevitables en los lugares de trabajo. Con una mayor diversidad en el entorno laboral, la frecuencia de los conflictos solo aumentará. Afortunadamente, con una inteligencia emocional que explora la autorregulación, la conciencia emocional y las habilidades sociales, es probable que la comunicación de cada empleado con el otro sea respetuosa. Cada vez que los empleados no están de acuerdo, es probable que vean la razón del desacuerdo en lugar de generar una crisis. La demostración de emociones en un lugar de trabajo diverso puede agravar los conflictos, ya que la comunicación y las acciones pueden malinterpretarse como discriminatorias. La inteligencia emocional es un instrumento esencial para calmar las tensiones antes que se conviertan en conflictos.

Ejercicio

a. La inteligencia emocional se aplica ampliamente en el lugar de trabajo, para mejorar las interacciones entre los empleados, mejorar la relación dentro de la organización y con los clientes, para aumentar la efectividad de un líder y para calmar los conflictos. Elija una de estas áreas y describa cómo la inteligencia emocional puede ayudar a mejorar el entorno laboral o el lado humano de la organización.

Habilidades para sobrellevar el trauma

El trauma surge cuando se atraviesa un evento perturbador y se siente agobio. Por ejemplo, las situaciones cercanas a la muerte y la tortura pueden desencadenar traumas. El trauma debe ser reconocido y visto como un evento de estrés agudo. Como cualquier problema de salud mental, el primer paso para manejarlo es aceptar que está presente. Es posible que varias personas afectadas no acepten que sufren un trauma o no entiendan que tienen un trauma. El primer paso frente al trauma es ayudar al individuo a reconocer que está sufriendo un trauma. Como se indicó anteriormente, la mayoría de las personas tienen una visión negativa de cualquier problema de salud mental, por cuanto se considera que tiene una debilidad. Es importante subrayar que el trauma es una forma en que la mente se obliga a buscar el cierre de una experiencia perturbadora para restablecer el equilibrio.

En segundo lugar, tome en cuenta los factores desencadenantes que empeoran el intenso miedo que experimenta. Por ejemplo, quedarse solo, ruidos fuertes y sobresaltarse por movimientos bruscos. Al igual que el estrés y la ansiedad, el trauma tiene detonantes que debemos identificar. Por ejemplo, si le dispararon en un ambiente ruidoso, cada vez que escuche o entre en un ambiente ruidoso, su mente le ayudará a superar el espantoso evento pasado. Es importante comprender que su mente está tratando de protegerse del daño activando la reacción extrema que exhibió cuando su vida era amenazada. De esta manera, hacer frente al trauma es una forma de minimizar la memoria desagradable para permitir que su mente deje de tratar cualquier perturbación menor como una amenaza potencialmente grave para su vida.

En tercer lugar, tenga en cuenta sus reacciones cada vez que reviva la experiencia traumática, como la falta de sueño, la culpa, la retracción hacia uno mismo y la ira. Con el tiempo notará que reacciona de manera diferente a cada detonante de su trauma. Por ejemplo, puede bloquear físicamente su entorno cada vez que escuche movimientos afuera. Otras personas pueden gritar inadvertidamente cuando un automóvil se acerca repentinamente. Intente escribir cada detonante y su reacción. Por ejemplo, podría escribir "Movimientos afuera: cerré la puerta apresuradamente y me quedé callado". Tomando el ejemplo anterior, el desencadenante para revivir el trauma fueron los movimientos afuera y su reacción cerrar la puerta. Al mantener un diario de desencadenantes y cómo reaccionó, tendrá la información adecuada que le ayudará a diseñar una forma de intervenir para manejar el trauma.

Cuarto, diseñe un plan para manejar las reacciones emocionales. Antes de trabajar en la causa subyacente, es importante manejar las manifestaciones emocionales, ya que pueden ser un peligro para sí mismo y para los demás. Es importante diseñar un plan de intervención para controlar la reacción ante los desencadenantes, ya que parte esta reacción puede ser peligrosa. Piense en cada vez que escuche una explosión, su instinto es saltar debido a la horrible experiencia pasada con un pistolero. Una persona con esta reacción puede hacerse daño si está parada cerca de un balcón o en cualquier otro lugar donde el movimiento impulsivo pueda representar un peligro. Un plan de intervención inmediata debe centrarse en disminuir la intensidad de la reacción de una persona que sufre un trauma.

Quinto, diseñe una intervención para manejar el evento traumático subyacente. Para una solución a largo plazo, es importante abordar la causa subyacente. Debe comenzarse por evitar que la persona se culpe a sí misma por ante el peligro. A las víctimas de traumas les lleva tiempo dejar de culparse. La tentación de la víctima por culparse a sí misma, evitar que emprenda una búsqueda de justicia que le recuerde las circunstancias que llevaron a la terrible experiencia. En algunas oportunidades, puede ser necesario propiciar ocasiones que ayuden al individuo a recrear la situación para ganar resistencia mental. En otras oportunidades, puede requerirse extraer al individuo del entorno para eliminar los recuerdos físicos del desafortunado incidente.

Por último, enfrente las situaciones vinculadas a eventos traumáticos de forma gradual pero exhaustiva. Si bien es importante abordar los factores subyacentes que llevaron al trauma, también es importante abordar otros problemas relacionados con el desafortunado evento. Por ejemplo, suponga que Richard fue asaltado por ladrones armados en su casa, una semana después de mudarse a un nuevo vecindario. Después de abordar las circunstancias directamente relacionadas con el desafortunado incidente, también es importante afrontar otros problemas que podrían haber precipitado el incidente, incluidos aquellos sobre los que Richard no tiene control. Por ejemplo, Richard tiene una naturaleza muy social que incluye invitar a nuevos conocidos y hacer publicaciones sobre los muebles de su casa en las redes sociales. Se debe tener cuidado al afrontar las situaciones que causaron los eventos traumáticos para no dar la apariencia que juzga evento.

Ejercicio

a. Recuerde cualquier película que presente un evento traumático para un personaje principal. ¿Cómo reaccionó o actuó el personaje principal frente a la situación?

b. Busque en Internet y lea sobre los sobrevivientes de los ataques terroristas del 11 de septiembre en los Estados Unidos que están lidiando con el trauma.

Habilidades para sobrellevar las reacciones

Hacer frente a las reacciones emocionales se refiere a cómo y cuándo manifestar las emociones que sentimos. Primero, tome conciencia de sus emociones. Para manejar las emociones, debe comprender y reconocer las emociones sabiendo por qué se siente así. Al comprender sus emociones, logrará entender por qué reacciona de la manera en que lo hace. Cabe destacar que, la mayoría de las personas asumen que saben o no necesitan conocer sus emociones. Si no reconoce que la emoción que está experimentando es la ira, no entenderá por qué grita, se aleja o golpea la mesa. La falta de conocimiento de las emociones, conllevará dificultades para manejar la reacción. Mantener un diario de emociones puede ayudar a comprender la frecuencia y el tipo de emociones que se manifiestan y conducir a mejores mecanismos para afrontarlas.

En segundo lugar, aprenda a expresar con seguridad sus emociones. Las emociones son una forma de energía y encerrarlas no ayudará. Es importante aprender a expresar de forma adecuada sus emociones. Por ejemplo, el autor sugirió que la mejor manera de manejar las emociones es convertirlas en energía física a partir de energía emocional. De esta manera, cuando su ira comience a aumentar, puede bailar, lavarse la cara continuamente o salir a caminar. Sin embargo, en realidad, no siempre tendrá la oportunidad de convertir la energía emocional en energía física por lo que se requieren otras formas de manejar las reacciones emocionales. Una de las formas de lograr hacer frente a una reacción es anticipar la emoción y definir la reacción, tomando en cuenta el límite la misma.

En tercer lugar, busque retroalimentación y mejore. Al igual que con cualquier proceso de aprendizaje, debe buscar información sobre su inteligencia emocional y comprometerse a aprender. Por ejemplo, puede pedirles a sus colegas que califiquen su temperamento. Cuando solicite comentarios, es importante no ver la información dada como un perfil. Los colegas simplemente le brindan información basada en la forma en que interactúa con ellos. Si sus colegas dicen que es temperamental, no los juzgue ni justifique su temperamento. La intención de obtener retroalimentación es conocer las opiniones de otras personas y buscar formas de remediar las deficiencias sugeridas. Tomando en cuenta la información solicitada, use la inteligencia emocional para trabajar en sus áreas débiles que incluyen no sentirse interesado en la conversación de los demás.

En cuarto lugar, establezca múltiples opciones y evalúe cuál es beneficiosa. La mayoría de las personas no se dan cuenta de que tienen una opción cuando se trata de reacciones emocionales. Por ejemplo, no necesita responder a cada opinión hecha en su contra. A veces solo necesita reconocer que su personalidad y su entrega son diferentes aunque relacionadas. Las críticas a su desempeño no significan necesariamente que lo están criticando a usted. Cuando se enfrenta a una reacción airada por el trabajo que realizó, puede elegir procesar la retroalimentación como un juicio a su trabajo o a su personalidad. Si tiene esto en cuenta, se dará cuenta que no necesita reaccionar como lo hace en la mayoría de las circunstancias. Además, puede optar por sustituir la ira por un sentimiento positivo.

Quinto, aprenda a desaprender. Una de las competencias que se pasan por alto es la capacidad de desaprender. La mayoría de las personas pueden aprender pero no desaprender. La capacidad de desaprender le permite reestructurar pensamientos, emociones y reacciones. Los altos niveles de superación pueden manifestarse en personas que desaprenden. Nuestras reacciones emocionales son impulsivas y se necesita un esfuerzo mental para abandonar la conveniencia de manifestar nuestros sentimientos. Resulta predecible, gritar o llorar cuando se está enojado y esto le hará sentir en paz, pero no son las reacciones más apropiadas en un entorno laboral. Hacer frente a las reacciones no debe interpretarse erróneamente como embotellar emociones, sino más bien expresarlas de manera adecuada, teniendo consideración con los demás. La intención de esta estrategia es instarlo a desaprender la reacción impulsiva a las emociones negativas, como gritar o golpear la mesa.

Finalmente, explique sus reacciones. Es importante tomar responsabilidad de las reacciones que muestra frente a sus emociones. Al ser responsable de sus reacciones, apreciará su valor y carga y buscará maximizar su valor positivo, minimizando su costo. Una reacción emocional tiene valor y costo. Cuando está enojado y grita a los demás, el valor de la reacción es que rápidamente disipa su ira y el costo de la reacción es que se muestra volátil y otras personas se sentirán incómodas al estar a su alrededor. La mayoría de las personas culpan a las situaciones u otras cosas en lugar de asumir responsabilidades por la forma en que reaccionaron.

Ejercicio
a. ¿Cómo maneja la decepción cuando está solo?
b. Del mismo modo, ¿cómo maneja la desilusión cuando está con otros?

Capítulo 3: Reconocer las emociones

Emociones comunes y negativas en el lugar de trabajo.

Envidia

Una de las emociones comunes en el lugar de trabajo es la envidia y se permite su manifestación a medida que cada uno de nosotros admira su demostración Se permite que los seres humanos alimenten y persigan ambiciones en su vida cotidiana. Sin embargo, sentirse incómodo con el logro de los demás puede afectar tanto mental como físicamente, este sentimiento es la envidia. Como cualquier otra condición mental, las personas que manifiestan envidia rara vez aceptan que tienen una emoción negativa. Es probable que la envidia afecte negativamente el entorno laboral. Aunque un poco de envidia ocasional puede ser bienvenida para propiciar mejoras y esfuerzo, si no se maneja se convierte en una emoción adversa. Dado que en los lugares de trabajo evalúan a los empleados, es probable que estos individualmente aspiren a lograr más como sus colegas y esto puede generar sentimientos de envidia.

Así entonces, la envidia puede reconocerse cuando usted persistentemente siente que merece la recompensa otorgada a sus colegas. Aunque los sistemas en el lugar de trabajo pueden no ser siempre justos, en la mayoría de los casos capturan de cerca la configuración natural de la organización y los aportes tanto individuales como grupales. Se espera que algunos empleados, especialmente los de baja calificación en términos de productividad o personalidad, se sientan incómodos con el sistema de clasificación de la organización. Sin embargo, el sentimiento de resentimiento se convierte en envidia cuando persistentemente se siente merecedor de la recompensa sobre los ganadores actuales de la recompensa. Si se hace difícil dejar de lado este sentimiento durante días o meses, entonces es probable que usted tenga envidia y esto afectará negativamente su desempeño en el lugar de trabajo.

Además, cuando se alimentan los pensamientos de trabajar solapadamente para molestar al candidato que parece sentirse realizado en el trabajo, entonces se manifiestan sentimientos de envidia. Si es controlada, la envidia puede llevar al individuo a planificar para afectar negativamente el desempeño de colegas exitosos en el entorno laboral. Piense en un empleado celoso que busca sabotear el trabajo que no fue guardado por un colega reconocido como un trabajador altamente competente. En circunstancias extremas, la envidia puede llevar a desacuerdos injustificados, intentos de despido o acciones disciplinarias contra el colega exitoso. Tomemos el caso de Janet, que envidia los logros de Mark en el lugar de trabajo y logra encontrar y abrir la computadora de Mark. Luego se las arregla para usar el correo electrónico de Mark para enviar bromas a varios colegas sin el conocimiento de Mark. En este caso, la intención de Janet es difamar a Mark porque le tiene envidia.

Si cada vez que usted interactúa o trabaja con ciertos colegas que, son reconocidos en el lugar de trabajo, siente celos es probable que envidie sus logros. A veces, la envidia puede aparecer en forma de celos, lo que significa que siente un fuerte recelo de sus colegas. Tomemos el caso de Janet que ve con recelo todo lo que Mark sugiere. En la mente de Janet, todas las sugerencias de Mark están destinadas a hacerlo prosperar en el lugar de trabajo y por esta razón, ella duda y cuestiona todas las sugerencias de Mark. Hasta ahora, Mark se ha controlado, pero está empezando a notar que a Janet probablemente le molesta su personalidad en general. Como cualquier otro sentimiento, una manifestación limitada y poco frecuente de envidia es normal, pero cuando persiste se convierte en una carga para el individuo y para toda la organización.

En un caso extremo, usted puede buscar incesantemente que todos reconozcan su aporte cuando trabajen en un grupo, siendo esto una manifestación de envidia. A veces la envidia se expresa mediante intentos incesantes de lograr validación. Cuando no se maneja la envidia, el individuo podría tratar de difundir su aporte en cada tarea para llamar la atención sobre su valor en el grupo y en la organización. La razón por la cual estas personas actúan de esa manera es para postularse explícitamente para ser reconocidos. En otras palabras, una ejecución injustificada en el lugar de trabajo puede ser una forma de envidia. Este tipo de envidia podría hacer que la persona afectada despliegue una comunicación injustificada mediante informes y los envíe al supervisor del equipo.

Por último, una persona con envidia podría embarcarse en un desarrollo profesional no planificado, incluyendo la búsqueda de más carga de trabajo de la necesaria. La envidia está relacionada con el deseo incontrolado de sobresalir y las personas con envidia pueden inscribirse en clases nocturnas o de fin de semana para mejorar su carrera en aras de atraer reconocimiento y otras formas de recompensa. Esos individuos también suelen trabajar horas extra o hacer más trabajo del que deberían en la creencia de que serán reconocidos. Por esta razón, si siente la necesidad de participar en el desarrollo profesional de manera no planificada y trabajar horas extra para atraer el reconocimiento y otras recompensas de su organización, entonces probablemente tenga envidia. El principal efecto de la envidia es nublar su pensamiento objetivo y hacer que su mente se fije en cosas particulares y no en la experiencia completa.

Ejercicio

a. Enumere tres situaciones en el pasado reciente en las cuales sintió envidia.

b. ¿Cómo superó la envidia?

C. ¿Cuáles son los efectos de la envidia que experimentó?

Preocupación o nerviosismo

Otro sentimiento común en el lugar de trabajo, considerado negativo es sentirse nervioso o preocupado. Sentirse nervioso es bienvenido ya que forma parte de los sentimientos humanos, pero como cualquier emoción considerada negativa, debe manejarse para evitar generar un impacto adverso en las relaciones laborales y la productividad. Una de las formas como usted se dará cuenta cuando se sienta nervioso es que se inquietará. Si se siente preocupado, su mente está atascada en lo que podría salir mal y esto provoca temor, especialmente a los peores escenarios que se repiten en su mente. Así entonces, tratará de tomar múltiples planes de acción en un corto período de tiempo, lo que solo le hará sentir más inquieto hasta el punto de que su inquietud se manifieste en las acciones.

Es importante destacar que, cuando se siente preocupado, su mente divaga sobre los peores resultados posibles de la situación que le molesta. Cuando se preocupa, imagina lo peor y rara vez notará las inmensas posibilidades presentes. Piense que está preocupado por la renovación de su contrato de trabajo. Tomando este ejemplo, probablemente se sienta nervioso y empiece a pensar en los peores casos en los cuales no puede pagar el alquiler de la casa, los préstamos de servicio y los niños y su esposa lo miran con gran decepción. Es probable que esté pensando en que perderá su clase social y terminará en las calles. Así, cuando se obsesiona con los peores resultados en un corto período de tiempo, lo más probable es que se sienta preocupado.

En tercer lugar, cuando se sienta nervioso, quizás quiera retirarse de una reunión o conversación para estar solo. Uno de los efectos perceptibles de estar preocupado es desear unos minutos a solas para recobrar la calma y reflexionar sobre la situación objetivamente. Si usted de pone nervioso durante una reunión o conversación, puede excusarse para ir al baño o regresar a su módulo de trabajo para calmarse antes de seguir. Por esta razón, cuando le urge estar solo durante una conversación o reunión, es posible que se deba a sentir nerviosismo. Tomemos el caso de Grace, quien justo antes de entrar a una reunión en el trabajo, recibió un mensaje de texto en el cual se indicaba que se colocó un aviso de la ejecución de hipoteca de su casa. Grace se puso sudorosa, su corazón latía fuertemente y no confiaba en cómo iba a reaccionar, así que se excusó y corrió al baño para pensar sobre el asunto.

Cuarto, cuando usted se siente preocupado, hablará consigo mismo o con objetos, para sentirse escuchado y seguro. Mientras está preocupado, es probable que hable con objetos inanimados o participe en un soliloquio para dejar ir sus sentimientos y pensar en la situación que lo perturba. Cuando un individuo comienza a hablar consigo mismo, lo más probable es que se sienta preocupada. Como cualquier otra emoción, sentirse preocupado es necesario para alertar a su mente y prepararla para cualquier eventualidad. Sin embargo, el sentimiento se convierte en una preocupación cuando comienza a abrumarle o se vuelve recurrente, afectando su productividad y sus relaciones.

Quinto, cuando se sienta nervioso, su comunicación no verbal le alejará de la voz temblorosa y evitará el contacto visual. Otra forma de notar el nerviosismo es prestar atención a la comunicación no verbal que exhibe lo que una persona podría estar ocultando. Por ejemplo, si una persona suda y su voz tiembla. Probablemente el tono de voz de una persona que está nerviosa sea más alto o bajo de lo acostumbrado. Es probable que los gestos de un individuo que está nervioso se no concuerden con su mensaje verbal a pesar que traten de mostrarse como si tuvieran el control de la situación. Un individuo que está preocupado podría tener altibajos más allá de lo normal.

Por último, cuando está nervioso, probablemente note que todos saben que está inquieto y sienta que lo juzgan. En la mayoría de los casos, cuando está nervioso, usted es mentalmente consciente de ese estado y trata de compensar el nerviosismo. Como se indicó anteriormente, la sociedad ridiculiza las emociones negativas obligando a las personas a sentirse avergonzadas de manifestar tales emociones y el nerviosismo es una de ellas. Sentirse ansioso no es la emoción deseada y probablemente sienta que la audiencia o los colegas han notado las emociones negativas y tienen una mala opinión de su persona.

Ejercicio
a. ¿Cómo maneja el nerviosismo cuando se dirige a una audiencia?
b. ¿Por qué cree que la sociedad ridiculiza las emociones negativas en lugar de reconocerlas y tratar de expresarlas con adecuadamente?

Enojo o irritación

La ira podría ser una de las emociones negativas más comunes en el lugar de trabajo y esto es predecible. Los entornos laborales fijan objetivos y evalúan a sus trabajadores, lo cual implica presión y plazos. Cuando los trabajadores están bajo presión y el valor se juzga por expectativas definidas, probablemente que actúen presionados. Una persona al ser llevada al límite por los plazos, puede reaccionar impulsivamente, alejándose o demostrando molestia. Los trabajadores también son evaluados por su contribución a la productividad general y cuando sienten que el sistema de evaluación no es justo, es probable que se sientan agitados. La ira puede ser reconocida como una emoción negativa cuando no se logran satisfacer las expectativas a nivel individual y externo.

En segundo lugar, la ira se manifiesta al sentirse muy ofendido. El motivo de ira que se manifiesta con frecuencia en el lugar de trabajo es la existencia de diversidad, de allí que los pequeños malentendidos se toman como ataques degradantes contra una persona. En los entornos de trabajo contemporáneos, el personal es diversos, con distintas orientaciones sexuales, etnias, sexos y religiones. Lo que una persona podría considerar como una expresión o reacción normales podría ser ofensivo para otros. Por esta razón, es común que una persona tome como ofensivo un mensaje que para otro empleado resulta casual e inofensivo. Piense en Richard, que hace bromas sobre lo orientación de los musulmanes a la violencia sin comprender que Ruth considera ofensiva esa conversación informal porque uno de sus hijos se ha convertido al Islam. A Ruth le molesta mucho la conversación de Richard acerca del Islam, hasta el punto de abandonar el descanso de forma anticipada.

Asimismo, la ira se manifiesta al sentirse insultado por las palabras o acciones de un colega. Otra expresión de enojo es sentirse ofendido por acciones o palabras. Tal sentimiento no está necesariamente relacionado con problemas de autoestima, sino con la falta de inteligencia emocional por parte de la persona que se comunica. Mark es el líder de un equipo de cinco ingenieros en una consultora local. Recientemente, Mark sugirió que quienes no tenían un buen desempeño serían despedidos y John se sintió insultado porque su calificación en la última evaluación fue baja. Ese sentimiento se agravó al punto en que John comenzó a considerar rescindir el contrato para aventurarse en los negocio. Así entonces, la ira como emoción se manifiesta al sentirse insultado.

Del mismo modo, la ira se manifiesta al sentirse atrapado por las circunstancias. Sentirse sin alternativas, puede ser una manifestación de ira. Si siente que le son negadas las opciones o que no le brindan alternativas, entonces se sentirá bajo presión. Se sentirá relegado. Cuando se siente atado a procesos sobre los que no tiene control, es probable que reaccione retirándose o participando en discusiones sin base. Si es dejado sin opciones, es probable que se sienta acorralado y subestimado. La restricción de opciones puede malinterpretarse como usted no es confiable y de esta manera se sentirá inseguro y gritará a los demás a la primera provocación.

Otra expresión de la ira es en forma de frustraciones. Al sentir la incapacidad de controlar situaciones, la ira se expresa mediante la frustración. Como se indicó anteriormente, al sentirse acorralado es probable que no sienta necesidad de continuar. Las frustraciones harán que comience a ignorar los procedimientos establecidos o se desconectará de su trabajo. Sentirse derrotado lo desmotivará y lo llevará a un enfoque informal e improductivo en el trabajo. El otro impacto de la frustración como una forma de expresión de la ira es que es probablemente culpe a las situaciones y a otras personas en lugar de ser responsable de usted mismo. En circunstancias extremas, un empleado frustrado podría mostrar desinterés y maltratar a los clientes, especialmente al manejar quejas.

Por último, la ira se manifiesta como sensibilidad a la retroalimentación negativa. La otra forma en que se manifiesta la ira en el lugar de trabajo es mediante la sensibilidad a los mensajes y acciones. Una persona que se siente frustrada y subvalorada por el entorno puede volverse muy sensible ante el más mínimo indicio de duda o retroalimentación negativa. Tales individuos activan rápidamente el mecanismo defensivo explotando la conversación para jugar la carta de la víctima. Cuando una persona expresa la ira como sensibilidad a la comunicación, invocará raza, género, orientación sexual y afiliación religiosa para sugerir que está siendo discriminada. La intención de esta sensibilidad es impedir que otros indaguen en el problema en cuestión. En la mayoría de los casos, la ira es un desarrollo interno y pocas personas quieren aceptar que necesitan ayuda para mejorar sus emociones, así que buscan bloquear cualquier conversación sobre la reacción.

Ejercicio
a.   La ira es una de las emociones negativas comunes en el lugar de trabajo. ¿Cómo lidia con la ira?

Aversión

La aversión es una de las emociones negativas que se pasa por alto y, a veces, se malinterpreta como otra cosa. En este contexto, la aversión se refiere al sentimiento general e injustificado de disociación y desinterés en alguien o algo. En un momento dado, es posible que no le haya gustado alguien o algún personaje de la película sin razón alguna. La aversión no necesita justificación como el amor. Algunos disgustos son motivados por prejuicios sociales que eventualmente refuerzan su prejuicio personal. Por ejemplo, es posible que no le haya gustado el nuevo trabajador incluso antes de conocerse o interactuar. Cuando intenta buscar las razones por las que no le gusta el inocente, no obtiene ninguna. La aversión es un riesgo para el desarrollo de las relaciones sociales, ya que le niega la evaluación objetiva de otras personas y esto afectará su productividad y la de ellos.

En segundo lugar, la aversión se manifiesta mediante los estereotipos. Si usted tiene estereotipos contra los latinos, entonces no necesita ninguna razón para que no le gusten, solo necesita ver o escuchar que el nuevo colega es latino. Si tiene estereotipos contra las mujeres en el lugar de trabajo, entonces bastará que se encuentre con una para que no le guste. Asimismo, es importante destacar que puede desarrollar estereotipos en el lugar de trabajo, incluso si no tenía uno inicialmente. En algunos casos esto tiene su causa en la generalización. Por ejemplo, puede que no le guste el nuevo interno de la Universidad de Texas simplemente porque el anterior de la institución le falló en el trabajo. Así, no necesita ninguna razón para que no le gusten los nuevos pasantes, ya que ya ha desarrollado un estereotipo contra la referida universidad.

En tercer lugar, la aversión se manifiesta a través del aislamiento. La otra forma en que las personas expresan disgusto es aislando a sus víctimas. Evitar encontrarse e involucrar a la persona en cuestión es una forma de expresar el sentimiento de aversión. La víctima de la aversión podría notar o no la aversión. Partiendo de este ejemplo, la aversión consume energía mental, así como resta a la productividad general de la organización. Si no le gusta un individuo, es probable que manipule la conformación de un equipo para alejar al individuo sin tener en cuenta las necesidades generales de la organización. Piense en un nuevo empleado que sea uno de los pocos ingenieros competentes en un novedoso sistema de certificación, pero no le gusta el nuevo empleado. Luego, continúa y aísla al individuo que le resta productividad a la organización.

Cuarto, la aversión puede manifestarse como un complejo de superioridad. Si permite que florezcan los sentimientos de aversión, es probable que en algún momento se sienta como la entidad de validación definitiva de lo que es bueno y lo que no. La sensación de ser más importante que otros propaga el sentimiento de disgusto. Básicamente, el complejo de superioridad es una contradicción de la intención de las competencias de inteligencia emocional que busca abogar por la consideración. De esta manera, el disgusto es una confirmación de la baja inteligencia emocional de un individuo. Tomemos el ejemplo de Haron, quien se siente más calificado que todos los demás en su empresa y cree que comprende mejor quién debe ser contratado y promovido. La compañía para la que trabaja Haron ha promovido a un colega y según Haron este tiene menos méritos, pero la organización piensa lo contrario. Si bien Haron no es celoso, le disgustan las personas que él considera no están a la altura de sus calificaciones.

Quinto, el disgusto puede presentarse como justificación. A veces la aversión se manifiesta como una justificación. Por ejemplo, a un empleado puede no gustarle como una forma de justificar sus sentimientos internos. Una persona podría sentir disgusto hacia los demás para sentirse valorada e influyente. Algunas personas pueden mostrar disgusto haciendo que otros se disculpen con ellos, para así sentirse importantes. De cierta manera, algunas personas muestran aversión para generar una crisis que les permita demostrar auto validación. Por ejemplo, Richard no le gusta Kevin, pero el objetivo de su comportamiento es hacer que Kevin busque formas de hacer las paces con Richard. Haciendo que Kevin reconozca la necesidad de llevarse bien con Richard, este último se siente valorado en la organización.

Por último, la aversión puede manifestarse como juicio. En algunos casos, la aversión a alguien ocurre debido al juicio subjetivo del individuo. Cuando juzga a alguien a primera vista, tomando en cuenta cualquier discapacidad o característica física que usted desestima, esto constituye entonces una aversión motivada por el juicio. El juicio de los individuos se basa en gran medida en los estereotipos y las experiencias pasadas. Al juzgar a las personas subjetivamente, se les clasifica mentalmente y se manejan según este criterio.

Ejercicio
a. Usando solo las iniciales, enumere algunas de las personas que no le gustan pero que no puede explicar por qué
b. ¿Qué personaje político no le gusta? ¿Tiene razón para esto?

Decepción o infelicidad

La decepción al igual que la ira es un sentimiento negativo común en el lugar de trabajo. Sentirse decepcionado es inevitable en el entorno laboral debido a la necesidad de lograr objetivos o encajar en un determinado círculo. Cuando un trabajador con buenas intenciones no logra el objetivo establecido o no alcanza el puntaje promedio durante la evaluación, es probable que se sienta infeliz. Este sentimiento es bienvenido en principio, ya que puede motivar a la persona a autoevaluarse y comprometerse a entregar más en la próxima oportunidad. Desafortunadamente, la sensación de decepción puede persistir y causar un efecto adverso en la autoestima del individuo, incluso afectando negativamente la vida social de la persona. Cuando continuamente siente decepción, también es probable que exprese enojo, lo cual afectar negativamente su relación con los demás.

En segundo lugar, la decepción se manifiesta como un sentimiento. Al estar infeliz, es probable que la persona se sienta traicionada por otros. En la mayoría de los casos, la decepción surge cuando no se cumplen las expectativas y esto puede ocasionar que se culpe a otros por lo sucedido. Piense en un empleado que estaba en un grupo y se renovaron todos los contratos de los miembros del equipo, excepto el del empleado decepcionado. Es probable que esa persona culpe a las situaciones u otras personas por su infelicidad. Culpar a otros puede conducir a un nuevo problema social, especialmente cuando la persona culpa a parte de su familia por el fracaso en el trabajo. Piense en un individuo cuyo contrato no se renovó, pero culpa a su esposa por no ser lo suficientemente solidaria durante el período de prueba, esto podía crear problemas matrimoniales.

En tercer lugar, la decepción se expresa como el sentimiento de no ser tan bueno como los demás. Al estar decepcionado, la persona probablemente se sienta inferior al resto, especialmente si otros han sobresalido. Piense en un empleado cuyo contrato no fue renovado pero los de otros miembros del grupo si lo fueron. Es probable que dicho empleado sienta que no es tan bueno como los demás. La razón para sentirse inferior radica en que al sentirse infeliz, lo más probable es que se eche la culpa antes de analizar objetivamente las circunstancias que causaron ese sentimiento. Recuerde nuestro ejemplo, donde solo un miembro del grupo no logró renovar el contrato mientras que otros lo lograron y el individuo en cuestión acabó culpándose a sí mismo por lo sucedido.

En cuarto lugar, la decepción puede manifestarse como no sentirse lo suficientemente apreciado en el lugar de trabajo. Como resulta predecible, al estar decepcionada la persona podría sentir que su aporte está infravalorado en la organización. Es difícil para una persona decepcionada creer que el resultado se debió a factores internos y externos y no necesariamente a la culpabilidad personal. Encontrar algo a lo que echarle la culpa es una forma de hacer que la mente se cierre y se restablezca el equilibrio del estado mental. Desafortunadamente, a la mayoría de las personas les resulta conveniente culparse a sí mismos en lugar de identificar los factores que ocasionaron la decepción. Es importante que desaprendamos la forma enseñada de manejar la decepción aprendiendo a no culparnos siempre por ello.

Como quinto punto, el sentimiento de desilusión puede mostrarse mediante la evasión. En algunas circunstancias, la decepción puede expresarse a través del aislamiento cuando un individuo que no se siente feliz se retira a su mundo. Tal persona podría sentir que al estar solo, tendrá tiempo para reflexionar y diseñar nuevas estrategias para mejorar en el próximo ciclo de evaluación. Si bien es permitido retirarse brevemente a su mundo, esto podría volverse problemático cuando se prolonga la evasión de los encuentros sociales, lo cual genera un refuerzo en las emociones negativas. Piense en el ejemplo en el que un empleado cuyo contrato no fue renovado, se retira a su mundo y se culpa de todo, pensando en abandonar definitivamente el empleo.

Por último, la decepción puede manifestarse como una mayor necesidad de validación. En la mayoría de los casos, cuando uno se siente decepcionado, requiere afirmar que aun son tan buenos como cualquier otra persona. Esos individuos pueden participar en presentaciones frecuentes de informes o buscar comentarios frecuentes no porque quieran mejorar sino debido a que desean obtener comentarios positivos como una forma de validación de su importancia en el grupo. La necesidad de validación es una forma de constatar el sentimiento de decepción, especialmente en el entorno laboral, después de una evaluación. En ese contexto, la decepción afecta la productividad, causando que el individuo se desmotive y participe en actividades innecesarias para intentar recuperar su valor y salir de la infelicidad.

Ejercicio
a. ¿Cómo manejó usted la decepción mientras estaba en la universidad?
b. ¿Cómo expresó su decepción?

Capítulo 4: Mejorando la Inteligencia Emocional

La inteligencia emocional en las relaciones

Particularmente, la inteligencia emocional ayudará a cada parte en una relación a empatizar más con el otro. La empatía es uno de los signos fácilmente perceptibles de la inteligencia emocional y se refiere a la preocupación por reconocer y priorizar las necesidades de la otra persona. La empatía es uno de los componentes de una relación saludable. En cierto modo, la empatía aboga por un sacrificio limitado para priorizar las necesidades emocionales de la otra parte. Percibir que la otra persona está involucrada en la conversación y está escuchando atentamente, aumenta la sensación de sentirse valorado. Sin embargo, la empatía no implica renunciar totalmente a las necesidades emocionales a favor del otro. La esencia de la empatía en una relación es permitir ver el mundo desde la perspectiva de la otra persona, aumentando la comprensión mutua.

Mediante la inteligencia emocional, puede sostenerse una conversación crítica sin que se eleve el tono. Si usted es emocionalmente inteligente, probablemente procese las críticas de manera adecuada. En una relación, la crítica constructiva es necesaria y ayuda a darle fuerza a la relación. Sin embargo, cuando las críticas no son bien recibidas, puede obstruirse la comunicación cotidiana. La falta de comunicación es un peligro importante para cualquier relación. La inteligencia emocional puede ayudar a preparar a un individuo frente a la retroalimentación negativa haciendo que esa persona sea receptiva a las críticas. Es probable que algunas personas reaccionen con ira ante las críticas y se sientan juzgadas. Un individuo con alta inteligencia emocional tomará las críticas de forma comprensiva, entendiendo que los niveles de inteligencia emocional pueden elevarse para corregir algunas de las deficiencias planteadas. De esta manera, la crítica se toma como una vía para reconocer, aprender y comprender a profundidad las emociones y acciones.

Otro aspecto importante de la inteligencia emocional en una relación es que permite a las partes ser completamente vulnerables entre sí. Ser completamente vulnerables el uno con otro, permite conectarse entre sí. La mayoría de las personas se sienten incómodas al ser vulnerables frente a los demás, excepto frente la persona en que confían. La inteligencia emocional le permite expresar completamente sus emociones, incluidas las negativas que no puede manifestar libremente en público. Mediante la inteligencia emocional, reconocerá lo que le frena, comprendiendo además el momento y la forma de expresar las emociones. La otra persona ajustará su vulnerabilidad y verá el mundo desde sus ojos mediante la demostración de la empatía, que es una competencia de la inteligencia emocional.

Como resulta predecible, las competencias de inteligencia emocional le permitirán expresar sus sentimientos directamente. La falta de inteligencia emocional obligará a uno de los integrantes de la relación a usar la agresión pasiva o el silencio para manejar un conflicto. Afortunadamente, la inteligencia emocional puede ayudar a cualquier pareja perjudicada a expresar libremente sus sentimientos y a ser asertivo. Comprender que todas las emociones son inevitables y deben expresarse es suficiente para motivarle a manifestar sus emociones. En un contexto de inteligencia emocional, todas las partes pueden lograr ejercer empatía y esto debería hacer que la comunicación sobre el tema sea fluida. De esta manera, la inteligencia emocional es un componente de la comunicación honesta en una relación. Piense en Janet, que está enojada con Mark por no atender sus llamadas durante todo el día y confía en que Mark comprende por qué está incómoda. Por otro lado, Mark siente empatía por los sentimientos de Janet, entiende el descontento de ella y no se toma las cosas personalmente.

Del mismo modo, la inteligencia emocional puede ayudarlos a disculparse entre sí y volver a la normalidad. Un componente de la inteligencia emocional es reconocer las emociones y ser responsable de ellas. Si cada persona reconoce sus emociones y asume la responsabilidad total de participar en la creación de esa emoción y la reacción posterior, entonces será más fácil ofrecer disculpas al ofender al otro. Otra manera en que la inteligencia emocional puede aumentar la comprensión al ofrecer una disculpa se da cuando un individuo reconoce y asume los comentarios de la otra persona. La inteligencia emocional aboga por buscar puntos de vista de otras personas sobre las emociones y las reacciones correspondientes utilizando la retroalimentación para mejorar. Ofrecer una disculpa es una manera de actuar con base en la autoevaluación y la retroalimentación de las otras personas en una relación.

Por último, la inteligencia emocional puede ayudar a las partes de una relación a reconocer y resolver un conflicto. Como se indicó anteriormente, los conflictos son inevitables debido a que cada persona tiene diferentes valores, puntos de vista y enfoques para enfrentar los problemas cotidianos. Debido a la amplia diversidad en las relaciones, aunado a las crecientes presiones, como el alto costo de la vida, es probable que los conflictos se presenten frecuentemente. Mediante la inteligencia emocional, la resolución de conflictos se vuelve más práctica ya que cada parte está dispuesta a abandonar su postura inicial y evaluar el problema desde el punto de vista de la otra parte. Si la empatía florece, es probable que las partes enemistadas suavicen las posturas y de prioridad al entendimiento mutuo que les permita trabajar hacia una solución.

Ejercicio

a. En sus relaciones anteriores (amistad, trabajo o romance), según su criterio ¿qué causó la desconexión final?

b. ¿Cómo podría haber utilizado la inteligencia emocional para revivir la relación anterior?

Lenguaje corporal

El lenguaje corporal es un aspecto esencial de la inteligencia emocional, ya que influye en la empatía. Piense en un colega que dice sentir pena por lo que pasaste mientras sonríe. Comencemos con las expresiones faciales como una forma de comunicación no verbal. Tenga en cuenta que el rostro humano es altamente expresivo y puede comunicar innumerables emociones sin verbalizar nada. Además, las expresiones faciales tienden a ser universales a diferencia de otras formas de comunicación no verbal. Por ejemplo, las expresiones faciales de tristeza, felicidad y miedo suelen ser universales. La mayoría de los aspectos de la comunicación no verbal son involuntarios, pero con algo de entrenamiento y práctica, puede aumentarse la adecuación entre las expresiones faciales y la comunicación verbal. En casa, puede usar una cámara web para grabar un discurso aleatorio y evaluar la concordancia entre las expresiones faciales y la comunicación verbal. También puede intentar hablar sobre diferentes emociones frente al espejo para evaluar cómo sus expresiones faciales se ajustan con las verbales.

Otro aspecto del lenguaje corporal a tener en cuenta es el movimiento y la postura. Comprenda que las personas lo perciben de manera diferente según la forma en que camina, se para o se sienta. Por ejemplo, si camina frecuentemente mientras habla con una audiencia, entonces es posible que esté apurando la conversación o se sienta incómodo. Estar de pie o inclinado mientras escucha o habla muestra que probablemente se sienta cansado o desinteresado en el intercambio. Acostarse en la silla muestra que se siente cansado, distraído o desinteresado en la conversación. Si está hablando con alguien y la persona se está alejando, entonces es probable que usted la vea como grosera o desinteresada. Afortunadamente, el movimiento corporal y la postura como formas de comunicación no verbal son fácilmente controlables en comparación con las expresiones faciales.

Además, los gestos repercuten en lo que se está comunicando. La manera en que mueve las manos mientras habla es un gesto. Piense en cuándo le indica a su amigo que deje de hablar, se acerque o se detenga. Al hablar con alguien, el movimiento de sus manos envía mensajes individuales y debe intentar ajustar ese mensaje con lo que está verbalizando. En comparación con las posturas corporales, los gestos no son fáciles de manejar, ya que se trata de reacciones involuntarias. Afortunadamente, mediante la práctica, puede mejorarse la adecuación de los gestos apropiados al mensaje que se desea transmitir. Por ejemplo, cuando levanta las manos en el aire con movimientos rápidos mientras habla, es probable que se sienta ofendido. Cuando señala utilizando uno de sus dedos, es probable que esté juzgando al otro.

Del mismo modo, el contacto visual es un aspecto fundamental de la comunicación no verbal. Mantener el contacto visual es esencial para que la otra persona sienta que está interesado y participa activamente en la conversación. Si bien mantener el contacto visual muestra una participación activa en la conversación, el contacto visual sostenido durante más de un minuto distorsionará el mensaje, ya que equivale a juzgar a la otra persona. Al hablar con una audiencia, es importante desplazar la vista a través de la audiencia para evitar reducir la comunicación no verbal. Aunque el contacto visual es una comunicación no verbal, es importante reconocer que algunas personas son tímidas y que su falta de contacto visual no debe malinterpretarse para significar como desinterés.

Asimismo, el tacto es una forma de comunicación no verbal, aunque no se usa con tanta frecuencia. Un toque firme pero gentil muestra seguridad y cuidado, lo cual podría ser necesario para una relación romántica y en la crianza de los hijos. La otra forma común de contacto en la comunicación pública es un apretón de manos. Un apretón de manos firme transmite confianza, mientras que un apretón de manos que no es firme puede comunicar una falta de confianza en sí mismo. Es importante tener en cuenta que no todas las sociedades e individuos prefieren los apretones de manos. Aunque el apretón de manos es una forma de comunicación no verbal, algunas personas tienen afecciones médicas que les dificultan estrechar la mano, como una condición de sudoración palmar excesiva conocida como hiperhidrosis. Así que cuando evalúe un apretón de manos, de espacio a las excepciones.

Luego está el espacio, como un tipo de comunicación no verbal. La distancia física entre usted y la otra parte que interviene en la comunicación se conoce como espacio. Cuando se acerca mucho a la otra persona, esta puede sentirse incómoda. Sin embargo, para quienes tienen una relación romántica, estar más cerca físicamente podría ser la forma deseada de comunicación en algunas ocasiones. Al mismo tiempo, el estar significativamente lejos de la persona, puede sugerir desinterés o despreocupación hacia el mensaje. Estar innecesariamente lejos de la persona con la que se está comunicando también podría aumentar las distracciones en la comunicación. Piense en cuando asiste a un foro de taller donde el orador a veces se acerca a su dirección, retrocediendo y deteniéndose a una distancia en la que la mayoría de las personas pueden escuchar cómodamente.

Por último, la voz como forma de comunicación no verbal. El tono de la voz se comunica de manera no verbal. Cuando se eleva el tono de voz, es probable que el mensaje se tome como enojo o decepción. Un tono de nivel promedio sugerirá que el hablante está calmado y que el valor emocional del mensaje está dentro de los límites apropiados Del mismo modo, un tono bajo puede sugerir una falta de confianza, tristeza o incomodidad en el hablante. Sin embargo, es importante entender que a veces es necesario ajustar el tono para romper la monotonía, enfatizar o mostrar transición al comunicarse.

Ejercicio

a. ¿Cómo afecta el tono al comunicarse?

b. Los gestos y la expresión facial se encuentran entre las formas más difíciles de comunicación no verbal para controlar. ¿Está de acuerdo con esta afirmación? ¿Por qué?

Escucha activa

Comience por prestar atención al orador y al mensaje. Escuchar activamente requiere estar concentrado y entender el mensaje. Dentro de una audiencia o en cualquier contexto de la comunicación, existen múltiples mensajes e intercambios, así como también ruidos. Por ejemplo, las personas moviéndose, el viento que sopla con fuerza y los teléfonos que suenan son comunicaciones, pero se consideran ruido. Por esta razón, un individuo que practica la escucha activa debe escuchar selectivamente enfocándose solo en el orador y el mensaje transmitido. La otra forma de ruido es interna y esto incluye pensamientos de distracción y distraerse con otros pensamientos. Piense en la necesidad de revisar las actualizaciones de las redes sociales mientras escucha, esto es una forma de distracción o ruido interno.

Luego demuestre que está escuchando a través de su lenguaje corporal y sus gestos. La comunicación es simultánea y bidireccional, por lo que es importante que corresponda a su audiencia mediante un lenguaje corporal apropiado al mensaje. Recuerde que el comunicador se basa en las reacciones de su audiencia para ajustar la comunicación en beneficio de todos. Por esta razón, no comunicarse recíprocamente se traduce en negarle al hablante una evaluación temprana de su entrega y el impacto de su mensaje. Cuando escuche activamente, asienta, aplauda y mueva los ojos para ayudar a procesar el mensaje y aumentar su enfoque en la comunicación. Piense en la reacción del público de las iglesias de avivamiento a la predicación ferviente. Tales audiencias levantan la mano, sonríen y asienten activamente.

En fin, se trata de dar retroalimentación. Una forma de proporcionar comentarios es interrumpir cortésmente y dejar que el orador repita o capture su preocupación. La otra manera de dar retroalimentación es utilizar la comunicación no verbal para que el hablante entienda si se están recibiendo o no los mensajes deseados. Sin embargo, en la mayoría de los casos cuando no se está escuchando activamente, la retroalimentación es involuntaria, mediante acciones como tumbarse en la silla, mirar al techo o sentirse desconectado de la audiencia y el momento. Algunos de los comentarios constituyen un mal comportamiento como escucha, como preguntar a un colega mientras el hablante está ocupado hablando. Tanto la retroalimentación negativa como la positiva pueden expresarse de manera efectiva mediante la comunicación no verbal.

Es importante que anote las preguntas o áreas que necesitan aclaración para evitar distraer a la audiencia. Uno de los factores que afecta la escucha efectiva ocurre cuando un individuo solicita una aclaración y no tiene la oportunidad de interrumpir al hablante. Por esta razón, el individuo permite que la pregunta pendiente permanezca en la mente mientras se sincroniza con la oportunidad de planteársela al orador y esto afecta la escucha efectiva. Una de las mejores maneras de ajustar la necesidad de aclarar dudas mientras escucha de manera efectiva es anotar la pregunta o el área que en cuestión aclaración y continuar escuchando. Al anotar la pregunta en su cuaderno, liberará su mente y podrá enfocarse en desarrollar la comunicación.

Asimismo, resuma lo que escuchó. Mientras escucha, tome nota de los puntos clave que le permiten a su mente internalizar y conectar el mensaje en desarrollo. Tomar nota de los puntos principales también le ayuda a estar mentalmente alerta conectando su cuerpo al momento. Mientras la comunicación ocurre, el ruido está en todas partes bien sea por colegas susurrando, teléfonos vibrando, luces parpadeantes y pensamientos internos que lo desvían del mensaje. Al hacer un resumen interno, así como un resumen físico en su cuaderno o diario, aumenta sus niveles de concentración. Sin embargo, es importante entender que escribir demasiado afectará la escucha efectiva. El objetivo no es resumir sino escuchar, y ahí es donde debe concentrarse.

Siempre que sea posible, cambie de posición para obtener una proyección clara de lo que se está hablando. A veces puede que tenga que cambiar su posición cuando tenga la oportunidad para obtener una visión clara y una buena proyección de voz del hablante. La distancia física afecta la eficacia de la comunicación, especialmente cuando la audiencia es grande y los proyectores están ausentes. Sin embargo, la tecnología moderna ha mejorado la comunicación de grandes audiencias mediante el uso de proyectores electrónicos y sistemas de sonido de megafonía para hacer que la proyección de voz y la visualización del altavoz estén disponibles desde cualquier ángulo. Tampoco es aconsejable cambiar de asiento durante un discurso, ya que esto podría crear realineamientos y ruidos innecesarios que podrían interrumpir al orador. Una buena práctica es llegar lo suficientemente temprano o reservar un asiento que lo coloque en un ángulo cómodo para recibir y procesar el mensaje del orador.

Ejercicio
a. ¿Cómo mantiene la atención mientras escucha, cuando tiene la necesidad de usar su teléfono?

Técnicas de atención plena y relajación

Hay seis técnicas comunes de atención plena y relajación que se aplican ampliamente y una de ellas es el enfoque en la respiración. Es una técnica simple pero poderosa que consiste en tomar una respiración larga, gradual y profunda, conocida como respiración abdominal. Mientras respira, trate de desconectar sutilmente su mente de las sensaciones y pensamientos que lo distraen. La técnica de enfoque de la respiración podría ser útil para las personas con trastornos alimentarios para permitirles concentrarse en sus cuerpos de manera positiva. Se debe tener precaución con las personas que presentan dificultades respiratorias relacionadas con la salud, como insuficiencia cardíaca y padecimientos respiratorios. La técnica del enfoque de la respiración funciona ayudando a distraer la mente de otros pensamientos y actividades, y esto hace que la mente realice una tarea que ayuda a aliviar los músculos y la mente.

Además, existe otra técnica conocida como escáner corporal. En esta técnica, se combina el enfoque de la respiración con la relajación muscular gradual. Comience con unos minutos de respiración profunda, luego concéntrese en un aspecto de su cuerpo a la vez y libere mentalmente cualquier tensión física. La importancia de la técnica de escáner corporal, es que ayuda a mejorar la conciencia de la conexión mente-cuerpo. Entre las personas que podrían encontrar útil esta técnica se encuentran aquellas que se recuperan de una cirugía reciente y están lidiando con problemas de imagen corporal. La técnica de escáner corporal puede realizarse individualmente o en grupo. Además, esta técnica se puede lograr mediante la guía de un instructor durante todo el ejercicio. Por esta razón, esta técnica es muy flexible y menos costosa, en términos de recursos, incluyendo el tiempo.

Otra técnica de atención plena y relajación son las imágenes guiadas donde se evocan lugares relajantes, escenas o encuentros para ayudar a la relajación y concentración. Existen múltiples aplicaciones de la técnica de imágenes guiadas. Uno de los impactos de las imágenes guiadas es que puede ayudar a reforzar una visión positiva. La principal debilidad de las imágenes guiadas es que puede ser un desafío para las personas que tienen pensamientos intrusivos o personas con dificultades para crear imágenes mentales. Una sugerencia de esta técnica de imágenes guiadas consiste en visualizar una escalera coloreada con todos los colores del arco iris y luego caminar o sentarse en cada escalón de diferente color. Posteriormente permita que su mente asocie ese color con avistamientos naturales positivos, como un exuberante jardín verde para el escalón de color verde en la escalera. Mediante esta tarea repetitiva y simple, su mente eventualmente se desvinculará de los pensamientos actuales y participará en este relajante ejercicio.

Igualmente importante, es la meditación de atención plena como una técnica de conciencia plena y relajación. En esta técnica, la persona se sienta cómodamente y se concentra en la respiración, así como en atraer su atención a la mente al momento presente. Nuestras mentes tienden a vagar hacia el pasado o el futuro para ayudar a crear continuidad. Así, la meditación de atención plena ayuda a las personas con depresión, ansiedad y dolor. La esencia de esta técnica es ralentizar la mente para que no se preocupe por el futuro o el pasado. La mente nos controla, pero en las técnicas de atención plena y relajación nosotros tratamos de controlarla. Al igual que cualquier otra forma de meditación, se requiere un lugar tranquilo, libre de distracciones físicas y electrónicas para participar con éxito en la meditación consciente.

Del mismo modo, el yoga se usa cada vez más como una técnica de atención plena y relajación. El yoga implica una serie de movimientos fluidos donde se espera que los aspectos físicos se alineen con el enfoque mental y distraigan al individuo de pensamientos repetitivos. Al sentirse perturbado se combina la energía emocional y física para reforzarse o rivalizar entre sí, y desgastarnos. Con el yoga, aprovechamos la energía física y mental para calmar todo el cuerpo. La otra ventaja del yoga es que ayuda a mejorar la flexibilidad y el equilibrio. De esta manera, el yoga no solo calma sino que también ejercita. Sin embargo, debido al esfuerzo físico que representa para el cuerpo, el yoga puede no ser apto para personas con ciertas condiciones de salud. Por esta razón, el yoga puede no ser indicado para personas con dolor o problemas de salud que inhiben los movimientos.

Por último, decir oraciones repetitivas puede ayudar a calmar y enfocar la mente. Para las personas que no son religiosas, se puede crear un canto que ayude a sentir paz y calma interior. Los cantos repetitivos refuerzan el mensaje a la mente y hacen que la mente se deje ir con el contenido del canto o la oración. Es importante comprender que esta técnica podría no funcionar para todos, ya que requiere permitir que su mente viaje al mensaje contenido en la oración o el canto. También se debe evocar el lugar ideal o el paraíso al rezar o cantar repetidamente.

Ejercicio

a. Elija dos técnicas de atención plena y relajación y explique cómo puede implementarlas.

Capítulo 5: Inteligencia Emocional y Liderazgo

Buen liderazgo

La inteligencia emocional puede mejorar las virtudes de honestidad e integridad en un líder. A través de la conciencia emocional, un líder tendrá la oportunidad de leer sus emociones y tomar conciencia de cómo reacciona ante ellas. Al mismo tiempo, el líder buscará tener en cuenta cómo otras personas se ven afectadas por sus emociones. Al comunicarse con otros o al demostrarle algo al equipo, un líder tratará de ser lo más abierto posible porque no quiere que otros se sientan decepcionados por su falta de honradez. De esta manera, la inteligencia emocional se encuentra entre las cualidades que forman un líder honesto al hacer que el líder sea consciente de cómo reaccionarán los demás ante su comunicación y acciones.

Además, la inteligencia emocional puede ayudar a un líder a ser influyente e inspirar a otros. Mediante la inteligencia emocional, un líder mejorará sus habilidades de escuchar y comunicarse. Por ejemplo, la inteligencia emocional puede mejorar la escucha efectiva a través de la empatía durante una conversación. Al hablar, un líder apreciará el valor emocional de cada oración y esto mejorará la elección de las palabras y el tono del habla. Cuando un líder muestra empatía, escucha activamente y habla con consideración, es probable que el resto del equipo se sienta respetado e inspirado. Si el equipo se siente inspirado es probable que logre sobresalir. Se puede argumentar que la inteligencia emocional humaniza a un líder desde el punto de vista de su equipo.

Asimismo, la inteligencia emocional puede mejorar el compromiso y la pasión de un líder. Cuando un líder emplea las competencias de inteligencia emocional para ayudar a comprender las necesidades emocionales del equipo, entonces el líder muestra compromiso para contribuir al bienestar de los miembros del equipo. La determinación de ayudar a otros a comunicarse y no verse afectados por sus emociones es una expresión de pasión y compromiso con su papel como líder. Piense en un líder que no toma críticamente el efecto de sus emociones y reacciones ante el equipo. Es probable que dicho líder sea visto como desconectado de las realidades y necesidades del lugar de trabajo. Por último, la inteligencia emocional le permite al líder obtener retroalimentación continua para avivar la pasión por cumplir con los deberes de liderazgo.

Otra forma en que la inteligencia emocional puede construir un líder es haciendo de este un buen comunicador. Así, la comunicación efectiva resulta fundamental para un líder. La comunicación es medio principal para que el líder entregue y reciba un mensaje. Existen formas de comunicación no verbales y verbales y todas estas necesitan reforzarse mutuamente. La comunicación tiene un significado científico y artístico e individualmente podemos mejorarla para satisfacer nuestras necesidades de intercambio de información. Un individuo de mente abierta, que deja ir los prejuicios personales, y acoge con beneplácito las opiniones de los demás y al mismo tiempo presta atención al efecto de cómo se está comunicando probablemente tenga eficacia en la comunicación.

Del mismo modo, resulta importante destacar que las competencias de inteligencia emocional mejoran las capacidades de un líder para la toma de decisiones. Las habilidades para la toma de decisiones requieren reconocer los prejuicios personales, superar los impulsos y regular las reacciones emocionales. En ausencia de competencias de inteligencia emocional, es probable que se tomen decisiones impulsivas y subjetivas. Tales decisiones son en gran medida ineficaces, ya que no se basan en la imagen completa, sino en lo que es conveniente para la mente. Afortunadamente, las habilidades de inteligencia emocional resuelven la mayoría de las deficiencias en la toma de decisiones al ayudarnos a reconocer y descartar activamente los estereotipos y la comunicación ineficaz. Imagine un líder que no está escuchando activamente sugerencias o comentarios durante una sesión de lluvia de ideas. Se requiere inteligencia emocional para leer de manera efectiva la comunicación o la retroalimentación con respecto a algunas de las decisiones que desea implementar.

Al mejorar la responsabilidad de un líder, las competencias de inteligencia emocional también aumentan su atractivo. La mayoría de las personas, tienden a evitar asumir responsabilidades, especialmente cuando se trata de emociones negativas. Los líderes no pueden verse tentados a culpar a las situaciones u otros en lugar de asumir la plena responsabilidad de lo sucedido. Mediante las competencias de inteligencia emocional, un líder aprenderá a procesar la retroalimentación negativa sin sentir que ha fallado. Una de las principales razones para no asumir la responsabilidad, bien sea por parte de un líder o cualquier otra persona es porque no se siente lo suficientemente competente para cumplir. En otras palabras, asumir responsabilidades aumenta las posibilidades de procesar emociones negativas que son consideradas una debilidad en el lugar de trabajo.

Ejercicio
a.   En sus propias palabras, ¿cómo se vinculan la inteligencia emocional y el liderazgo?

Adaptación

Una forma en que la inteligencia emocional puede mejorar el liderazgo es mejorando la adaptabilidad de un individuo durante situaciones de crisis. Los líderes deben ser adaptables porque no siempre pueden controlar todo, especialmente los factores externos. La alta inteligencia emocional implica que un líder tiene mente abierta y puede considerar diferentes puntos de vista más allá del convencional. Las crisis son impredecibles y requieren que los líderes sean de mente abierta. Por ejemplo, empleando la inteligencia emocional, un líder intentará ver la situación desde la perspectiva de las víctimas, de la organización y desde un punto de vista personal. Además, durante una crisis, un líder aprenderá a procesar las emociones volátiles de las víctimas como una forma de expresar su enojo y no necesariamente como un ataque al liderazgo de la organización.

En segundo lugar, manejar el estrés laboral invocando inteligencia emocional puede mejorar la influencia de un líder. Un líder debe guiar al resto de la organización hacia nuevas formas de pensar y actuar que podrían resultar complicadas para el resto del equipo. Si el líder es el único que se adapta, entonces la flexibilidad del líder podría no rendir mucho. Por esta razón, un líder tiene que persuadir a otros y disuadir los temores del equipo a intentar nuevos puntos de vista y procesos. Un líder debe convencer a otros para que confíen en sus movimientos y esto requiere inteligencia emocional. Persuadir a las personas requiere que comprensión de sus miedos y esto implica empatía con ellos, incluyendo la escucha activa.

En tercer lugar, la inteligencia emocional puede ayudar a encontrar soluciones innovadoras para el manejo de problemas. Parte de ser flexible requiere pensar y actuar creativamente, ya que algunas circunstancias nuevas requieren soluciones poco convencionales. La capacidad de improvisar es importante para un líder. Tomemos un caso donde un líder es rígido y esto ralentiza a toda la organización. La inflexibilidad podría sugerir que líder tiene una mente cerrada, lo cual se asocia con personas que albergan y ejercen estereotipos. Es probable que la adaptabilidad y la creatividad se correlacionen con la mentalidad abierta y esta es una competencia que debe practicarse en el marco de la inteligencia emocional. Al tener en cuenta los diferentes puntos de vista de los demás, así como una visión personal, es probable que un líder llegue a una solución creativa.

Cuarto, la inteligencia emocional puede permitir que un líder maneje situaciones impredecibles con un éxito significativo. Uno de los beneficios de las competencias de inteligencia emocional es que puede mejorar la capacidad de anticipar y procesar emociones negativas. Una de las inquietudes frente al cambio y la incertidumbre es el miedo a lo desconocido. Las organizaciones deben asumir diversas formas de riesgos, como por ejemplo adoptar nuevas tecnologías, tomar acciones drásticas y ajustar el modelo de negocios. Todos tememos el fracaso, al estancamiento, las consecuencias legales y la pérdida de estatus, y por estas razones, los seres humanos prefieren el status quo independientemente de su valor. Con la inteligencia emocional, se propicia la apertura y el agradecimiento ante la posibilidad de emociones negativas. En otros términos, es probable que la inteligencia emocional convierta a un líder en un tomador de riesgos.

En quinto lugar, la inteligencia emocional puede aumentar la adaptabilidad de un líder mediante la activación de competencias interpersonales. Parte de ser adaptable como persona implica establecer relaciones con los demás y esto hace que las competencias interpersonales sean cruciales. Un líder necesita interrumpir el statu quo y crear un nuevo equilibrio. Durante el cambio, las personas se sienten inquietas y emocionales y se requieren excelentes habilidades interpersonales para atravesar el entorno volátil y calmar las tensiones. Los líderes deben desarrollar habilidades interpersonales que son esencialmente sociales. Como recordará, las habilidades sociales son un derivado de la inteligencia emocional y un líder con habilidades sociales mostrará competencias interpersonales efectivas.

Por último, la competencia emocional puede mejorar la adaptabilidad cultural de un individuo. En el entorno laboral actual y en el mundo, la diversidad es cada vez mayor y los líderes requieren tener flexibilidad mental. Es probable que los líderes con inteligencia emocional reconozcan y respeten otras culturas. Si bien reconocer y respetar otras culturas parece sencillo, no se implementa fácilmente. Como la mayoría de los seres humanos, es probable que los líderes vean el mundo a partir de la forma en que fueron criados, que desafortunadamente incluye estereotipos y prejuicios personales. Por esta razón, un líder tiene que desaprender para volverse culturalmente competente. La mayoría de los lugares de trabajo ahora tienen trabajadores diversos en términos de etnias, creencias religiosas y géneros, entre otros. Nuestra educación impacta la forma en que procesamos los problemas relacionados con la diversidad y en la comunicación, todas las personas luchan por con la sensibilidad cultural.

Ejercicio

a. Luke es el líder del equipo de ingenieros en Redline Consultancy, una startup que ofrece personalización de automóviles. La compañía quiere cambiar su sistema de información actual y esto podría requerir la recapacitación de los empleados, así como una reorganización. Utilizando las competencias de adaptabilidad obtenidas de la inteligencia emocional, sugiera tres formas en que Luke puede mostrar un liderazgo efectivo en la organización.

Liderazgo y rendimiento

A través de la inteligencia emocional, los líderes reconocerán el impacto de la cultura en la productividad. En primer lugar, es importante que los líderes conecten el liderazgo y el desempeño de los empleados así como de la organización. Con un buen liderazgo, es probable que los empleados se sientan motivados y muestren compromiso con la organización. Una forma de garantizar un buen liderazgo es ser un líder enfático que escuche y aprecie al equipo. Un líder tiene que ponerse en el lugar de aquellos a quienes se dirige para comprender su reacción y necesidades. Asimismo, la inteligencia emocional puede ayudar a un líder a lograr que los trabajadores se sientan valorados mediante las habilidades sociales, cuando un líder sobresale en habilidades interpersonales y los empleados se sienten respetados y valorados.

Adicionalmente, los empleados motivados suelen cumplir con sus labores. Como se indicó anteriormente, es probable que los empleados que se sienten valorados logren los objetivos establecidos. Cada uno de nosotros quiere sentirse valorado y los líderes juegan un papel importante en hacer que los miembros del equipo se sientan importantes. Un líder debe dirigirse a los trabajadores como una parte fundamental de la organización y dejar en claro que el papel del líder es reenfocar ocasionalmente la energía del equipo. Usando técnicas de comunicación, el líder ayudará a los empleados a sentir que pertenecen a la organización y cuando los empleados tratan a la organización como la suya, tienden a ser responsables.

Asimismo, la aplicación de inteligencia emocional puede ayudar a prevenir conflictos en el lugar de trabajo. Los conflictos son inevitables en el entorno laboral. En ausencia de liderazgo, los conflictos se intensificarán y podrían conducir a sabotaje, rotación de empleados y, en casos extremos, violencia. Los líderes con competencias emocionales aplicarán estrategias de resolución de conflictos para calmar las tensiones y restablecer la normalidad. Los buenos líderes ayudarán a los trabajadores a adquirir y ejercer competencias emocionales individualmente y permitiendo la reducción de las posibilidades de transformar los desacuerdos en conflictos. Sin una gran inteligencia emocional, los líderes agravarían inadvertidamente los conflictos al parecer imparciales o críticos. Por esta razón, la inteligencia emocional permite al líder solucionar conflictos y mantener la productividad en el lugar de trabajo.

A través de la inteligencia emocional, es probable que los empleados cómodos y rindan correctamente. Los entornos de trabajo contemporáneos son cada vez más sensibles y los líderes deben asegurarse que todos los trabajadores se sientan seguros, apreciados y cómodos. La diversidad es una de las causas comunes de tensión y fricción. Lo que un empleado podría considerar como una conversación informal podría resultar insensible para el otro empleado. A medida que aumentan las áreas de diversidad, también aumenta la sensibilidad de los empleados a la comunicación verbal y no verbal. Las áreas comunes de diversidad incluyen orientación sexual, género, etnia y afiliación religiosa. Un líder puede manejar los temas emotivos y ayudar a los empleados a comprender su diversidad haciendo que todos se sientan respetados en el lugar de trabajo.

Igualmente, un buen liderazgo ayuda a que el equipo sea adaptable. El rendimiento de una organización también está determinado por la flexibilidad del equipo. Piense en un equipo de una organización que sea rígido y le tome un tiempo considerable para adaptarse al nuevo modelo de negocio o al sistema recién instalado. El tiempo dedicado al ajuste, resta la productividad de la organización. Un buen liderazgo asegura que los trabajadores sean flexibles a las ideas y enfoques. La capacidad de adaptabilidad resulta crucial para ayudar a la organización a capitalizar los cambios en el mercado, especialmente los tecnológicos. El líder tiene un papel fundamental en ayudar a formar las mentes del equipo para aceptar los cambios dentro de la organización.

Debe destacarse que, un buen liderazgo ayuda a comunicar claramente los objetivos de la organización. La comunicación de objetivos y el objetivo final resultan importantes para influir en las actitudes y comportamientos de los empleados. Un buen líder utilizará la inteligencia emocional para garantizar que el mensaje se comunique claramente. Una de las formas de garantizar que el equipo entienda el mensaje es emplear el habla empática y la escucha activa. También es importante que el líder reconozca el valor emocional de las palabras al comunicarse. La comunicación ineficaz implica que los empleados podrían no tener una comprensión efectiva de las necesidades de la organización.

Finalmente, el liderazgo ayuda a obtener y actuar según la retroalimentación. Otro elemento crítico de la productividad es extraer y actuar en relación a la retroalimentación y el liderazgo ofrece una oportunidad para capturar la retroalimentación pasiva y activa. Siempre existe la retroalimentación generada por el sistema, pero es importante capturar la retroalimentación cualitativa del propio equipo con respecto a cómo se sienten sobre el líder o el sistema de la organización. Con esta retroalimentación, el líder debe ajustar la comunicación y el enfoque para maximizar la productividad en la organización. Es una de las áreas olvidadas en el liderazgo y algunos líderes no se sienten cómodos con el manejo de comentarios negativos. Sin embargo, la retroalimentación es un aspecto fundamental para la mejora continua.

Ejercicio
a. En su opinión, ¿cómo se relaciona el liderazgo con el desempeño organizacional?

Los seis estilos de liderazgo

El primer estilo de liderazgo es el estilo visionario y se trata de movilizar a las personas hacia una determinada visión. El estilo visionario funciona bien cuando hay una dirección clara o cuando se requiere un cambio. Por esta razón, el estilo visionario de liderazgo es apropiado cuando el clima es positivo. El énfasis del liderazgo visionario no es alcanzar un lugar específico, sino lograr que todos adopten la visión. Otro aspecto del liderazgo visionario es que aboga por la autonomía y permite a las personas innovar y experimentar para alcanzar el objetivo establecido. En la práctica, el fracaso al implementar el liderazgo visionario puede ajustarse y los empleados se sentirán cómodos experimentando formas de avanzar en la misión. Es importante tener una misión clara que todos los empleados reconozcan antes de intentar el estilo de liderazgo visionario.

En segundo lugar, otro enfoque del liderazgo es el estilo de coaching. El estilo de liderazgo de coaching implica capacitar a los empleados para mejorar en lo que hacen. Es importante reconocer que existe una diferencia entre el entrenamiento y la micro gestión. El papel del gerente en este enfoque de liderazgo es ayudar a los empleados a evolucionar en su papel y desafiarlos a superar sus capacidades adquiridas En este enfoque de liderazgo, el gerente otorga el asesoramiento, las herramientas y el apoyo que requieren los empleados para que su éxito. Sin embargo, el entrenamiento no implica que el líder dicta lo que un individuo hará en cada paso, sino que lo dirige a lograr la versión mejorada de sí mismo.

En tercer lugar, está el líder afiliativo donde el gerente actúa como afiliado y establece conexiones en toda la organización. La intención del estilo de liderazgo afiliativo es crear un ambiente de trabajo armonioso donde cada empleado se conozca y trabaje bien entre sí. Como resulta predecible, los empleados no siempre se llevarán bien ni estarán de acuerdo entre ellos, pero este estilo de liderazgo busca solucionar esto. El líder afiliado repara la confianza rota en la organización. Un líder puede convertirse en un afiliativo desarrollando una cultura de reconocimiento en el equipo. Al generar confianza, el grupo se acercará y esto ayudará a construir relaciones.

Cuarto, el liderazgo democrático es otro estilo común de liderazgo. Con el estilo de liderazgo democrático, un gerente alineará a un grupo hacia un resultado. El estilo de liderazgo democrático se emplea cuando el gerente no está completamente seguro de la dirección que debe tomar la organización y quiere aprovechar las opiniones y creencias de la multitud para desarrollar un camino claro. El estilo democrático de liderazgo es fundamental cuando se manejan decisiones importantes que podrían afectar el futuro del negocio. La motivación del estilo democrático de liderazgo es la comprensión que la inteligencia colectiva es superior al conocimiento individual.

Quinto, tenemos un estilo de liderazgo en el cual se marca la pauta. En este enfoque de liderazgo, el líder define objetivos alcanzables sin tener en cuenta los sentimientos del equipo. En este tipo de liderazgo, se ejerce presión sobre el equipo y se ejemplifica lo que se quiere que alcance el equipo. Por consiguiente, el estilo de liderazgo que marca la pauta tiene el riesgo de descarrilar al equipo y debe usarse con precaución. Debe aplicarse temporalmente y por un período de tiempo corto. En algunas oportunidades, una empresa tiene grandes expectativas de sus empleados, sin tomar en consideración las necesidades de los trabajadores y esto suele suceder cuando la empresa se encuentra atravesando por una crisis. Una de las formas de lograr resultados con este estilo es equilibrándolo con el reconocimiento.

Por último, existe el estilo de liderazgo dominante. En este enfoque de liderazgo, el líder promueve miedo. El estilo de liderazgo dominante crea una percepción de frialdad y falta de emociones. En la mayoría de los casos, el estilo de liderazgo dominante genera efectos negativos extremos en el desempeño de la empresa y es altamente ineficaz. El estilo de liderazgo dominante solo podría recomendarse durante las crisis y no es el mejor enfoque para mostrar liderazgo en esos momentos. La recomendación general es evitar el uso de un estilo de liderazgo dominante. Por esta razón, evite dar órdenes a su equipo y, en cambio, promueva la participación y explique claramente las situaciones. En conclusión, es importante aceptar que no existe un estilo universal de liderazgo y que probablemente deba combinar diferentes estilos de liderazgo según la situación a la que se enfrente. Es importante recordar que no tiene que lograr todo solo porque es un líder, porque el equipo siempre puede ayudarlo con sus ideas. Empodere a su equipo para que sean líderes y no olvide desarrollar inteligencia emocional.

Ejercicio
a. Critique el estilo de liderazgo dominante.
b. Critique el estilo de liderazgo visionario.

¿Cómo mejorar?

Comience por reconocer los esfuerzos de su equipo individual y colectivamente como una manera de motivar al grupo. Reconocer los aportes de su equipo es fundamental, ya que los hace sentir valorados e interesados en las actividades grupales. Reconocer la contribución de su equipo es una forma de recompensar y dar seguridad a los trabajadores. Algunos líderes pueden pasar por alto la importancia del reconocimiento como una necesidad psicológica. El reconocimiento no siempre debe ser formal. Por ejemplo, puede ofrecer comentarios positivos cada vez que un miembro del equipo envía un informe completo a tiempo. También puede usar gestos o expresiones faciales para mostrar satisfacción con el trabajo de un miembro del equipo. Un líder tiene que demostrar que aprecia el esfuerzo del equipo para hacerles sentir que son tomados en cuenta.

En segundo lugar, informe al equipo que las expectativas son temporales y que, como equipo, es el momento ideal para trabajar juntos. Al ejecutar el estilo de liderazgo de mando o el estilo de liderazgo de marcar la pauta, es necesario que le comunique a su equipo que las grandes expectativas son temporales para permitirles ajustar y aceptar mentalmente los nuevos horarios exigentes. A veces, un líder puede verse obligado a apurar a todos, especialmente durante una crisis y en tales circunstancias; el líder podría no permitir la democracia y la comprensión. En otras palabras, el líder puede mostrar menos habilidad de inteligencia emocional cuando está en juego la sostenibilidad de la organización. En tales circunstancias, el líder tiene el deber de notificar a los trabajadores por qué el entorno se ha vuelto rígido y pesado repentinamente para mejorar su comprensión y aceptación del nuevo enfoque de hacer las cosas.

Asegúrese de compartir los resultados de los esfuerzos del equipo. En una organización típica, los empleados trabajan de manera modular. Si esto no se maneja, los trabajadores de cada departamento podrían no tener una visión integral de cómo se vinculan con la productividad de toda la organización. Por ejemplo, los limpiadores de una organización podrían no entender cómo impactan el éxito del departamento de tecnología de la información. Un líder debe tratar de ayudar a los equipos individuales a comprender cómo impactan colectivamente en toda la productividad de la organización. Por ejemplo, los limpiadores se aseguran de que el departamento de tecnología de la información esté organizado y opere a tiempo en un ambiente limpio. El departamento de tecnología de la información impacta directamente al resto de la organización.

Además, aprenda a confiar en sus empleados y mejore sus habilidades de comunicación para que pueda discutir libremente los problemas con cualquier persona del equipo. Al no mostrar confianza en sus empleados, estos se sentirán infravalorados o sentirán que son fácilmente reemplazables. Si confía en sus empleados, estos sentirán la necesidad de actuar de manera responsable, ya que dependen de ellos para actuar de manera independiente. La ausencia de confianza hará que los empleados esperen la supervisión y entreguen solo lo necesario para cumplir con la obligación contractual. Confiar en los empleados también les hará sentir que son parte de la organización y es probable que tomen tiempo para pensar en estrategias que puedan ayudar a la organización a mejorar.

Asimismo, ofrezca sugerencias para comenzar a discutir el proyecto. Los trabajadores a veces se muestran reacios a iniciar una conversación, especialmente cuando tal discusión puede parecer una crítica hacia el liderazgo de la empresa. En tal caso, podría ayudar iniciar la conversación como líder y alentar al equipo a contribuir. En tales circunstancias, la comunicación efectiva, especialmente ajustando la comunicación no verbal con la comunicación verbal es importante. El tono de su voz, sus expresiones faciales y gestos deben expresar un mensaje para mejorar la confianza del equipo. Antes de tomar cualquier decisión, es importante obtener la mayor cantidad de puntos de vista como sea posible y las personas del equipo podrían tener soluciones más efectivas de lo que pensabas.

Por último, considere todas las ideas presentes y aprecie a los contribuyentes. Como líder, con frecuencia se relacionará con los miembros del equipo y es importante reconocer y apreciar cada opinión presentada. Los líderes que no aprecian la contribución de cada miembro se arriesgan a tener poca participación en las reuniones posteriores. El uso de palabras como gracias, anotado, apreciado y el uso de señales no verbales como asentir, sonreír y aplaudir muestra que está escuchando y apreciando la contribución de cada miembro presente. Un líder debe tomar una decisión utilizando las mejores sugerencias disponibles, pero demostrando que ha escuchado todo y que considerará las otras sugerencias para utilizarlas posteriormente.

Ejercicio
a.   ¿Alguna vez ha tenido un rol de liderazgo? Si no, piense en un personaje de película que tenga un papel de liderazgo. ¿Cómo mostró dicho líder crecimiento o mejora en la ejecución de su mandato?

Los cinco componentes de la inteligencia emocional en el liderazgo

El primer componente es la autoconciencia e impacta el liderazgo de varias maneras. Las personas que son conscientes de sí mismas comprenden cómo se sienten y tienen conocimiento de cómo sus emociones afectarán a otras personas. Como líder, tener autoconciencia implica que conoce sus fortalezas y debilidades, a la vez que se muestra como un individuo humilde. Puede utilizar la autoconciencia en el liderazgo al desacelerar su reacción emocional. Imagínese si un líder reacciona rápidamente y golpea la mesa cuando está irritado. Sería difícil estar en desacuerdo con dicho líder y en consecuencia todos se ajustarán a las demandas de dicho líder para evitar la confrontación. Además, la autoconciencia ayuda a un líder a convertirse en un comunicador efectivo al comprender cómo se siente la audiencia ante lo que está comunicando.

En segundo lugar, se encuentra la autorregulación como componente de inteligencia emocional en el liderazgo. Cada uno de nosotros tiene la necesidad de reaccionar impulsivamente, ya que es la forma más natural de expresar y actuar sobre las emociones. La autorregulación se relaciona con la tendencia a mantener el control y evitar que las emociones lo guíen. La autorregulación no implica encerrarse en sus emociones, sino que ejercer control sobre la reacción a las emociones. Los líderes con competencia de autorregulación evitan la reacción impulsiva a las emociones, como los ataques verbales cuando alguien los ofende. Instaré a ver al difunto Koffi Annan, ex Secretario General de las Naciones Unidas, y cómo manejó las críticas durante las reuniones o conferencias de prensa. Las emociones intensas y las reacciones impulsivas alteran la mente del líder.

En consecuencia, usted puede mejorar su autorregulación mediante la comprensión de sus valores. Los valores son un conjunto de reglas y filosofías personales. Mediante su código de ética individual, informará a su mente de sus límites, independientemente de la situación. También es importante asumir responsabilidad. La tendencia a culpar a otros es un enfoque escapista ante los desafíos y debilidades personales. Cuando asume la responsabilidad de sus acciones, tiene la oportunidad de examinar y corregir sus defectos. Por último, es importante practicar mantener la compostura al enfrentarse a una situación difícil. Puedes respirar profundamente y asegurarse de no dejar que la emoción negativa le abrume.

En tercer lugar, la motivación como componente de la inteligencia emocional es importante en el liderazgo. Los líderes que se motivan a sí mismos trabajarán constantemente para lograr los objetivos. Dichos líderes también mostrarán altos estándares para el trabajo que realizan. Una de las formas para mejorar la auto motivación es reexaminando el propósito de ocupar ese puesto. A veces, las personas olvidan qué les hizo aprovechar la oportunidad de trabajar y al reflexionar sobre por qué se aprovechó tal oportunidad, podría reavivarse la pasión por el trabajo. Comenzar con lo que lo impulsó a asumir el rol podría ayudarlo a darse cuenta del compromiso que necesita mostrar como líder.

Luego se encuentra la empatía como elemento de inteligencia emocional expresado en un liderazgo efectivo. La empatía es uno de los elementos críticos de la inteligencia emocional y el liderazgo. Es la capacidad de ubicarse en el lugar de los demás para comprenderlos mejor. Los líderes empáticos se consideran comprensivos, accesibles y humanos en comparación con aquellos que no lo son. Un líder puede mostrar empatía al comprender por qué los miembros están inquietos con las nuevas regulaciones o por qué los empleados convocan a varias reuniones antes de aceptar los nuevos cambios. Utilizando la empatía, un líder no se sentirá irrespetado u odiado por los miembros del equipo al comunicar nuevos cambios exigentes.

Para enfatizar, los entornos laborales contemporáneos se esfuerzan por ser lo más humanos posible. Los líderes que muestran empatía ganan respeto y lealtad del equipo. Cuando los empleados hablen, trate de abandonar su posición y ver el mundo desde los ojos de los empleados. Ser empático no implica que el líder sea indeciso. Una de las formas de mejorar la empatía es prestar atención al lenguaje corporal del hablante y responder a los sentimientos. Algunos empleados pueden usar señales no verbales para comunicar sus miedos y decepciones y los líderes deben leerlas y responder a estos.

Por último, hay habilidades sociales que se manifiestan en el liderazgo. Una de las formas de aplicar las habilidades sociales en el liderazgo es en la resolución de conflictos. En este sentido, las habilidades sociales dependen de una comunicación efectiva y una escucha activa. Utilizando las habilidades sociales, un líder manejará y resolverá los conflictos diplomáticamente. En ausencia de habilidades sociales, un líder puede agravar los conflictos y provocar la rotación de empleados, el sabotaje e incluso la violencia en el lugar de trabajo. Afortunadamente, los líderes pueden aprender a convertirse en gestores de resolución de conflictos y mejorar su comunicación. Un líder emocionalmente inteligente reconocerá fácilmente los puntos en común de las partes enemistadas al leer sus emociones cuando se mencionan ciertos problemas y así lograr una solución.

Ejercicio
a. Busque un episodio de la serie de televisión House of Cards y juzgue las competencias de inteligencia emocional de Kevin Spacey? ¿Está de acuerdo o no con sus manipulaciones?

Habilidades sociales

Una de las destrezas necesarias para la inteligencia emocional son las habilidades de supervivencia. Las competencias específicas en este sentido, involucran las siguientes acciones escuchar, ignorar las distracciones y usar la comunicación directa, así como recompensarse a sí mismo. Los contextos sociales pueden requerir que usted siga las instrucciones y pase por alto las distracciones. No todas las personas pueden ignorar las distracciones ya que la mente humana procesa todo lo que puede descifrar. Es importante entrenar su mente para actuar de manera disciplinada evitando distracciones y apegándose a las pautas recomendadas. También es importante que se recompense a usted mismo para permitirle sentir que vale la pena participar en una interacción social.

El segundo conjunto de habilidades necesarias en individuos socialmente competentes incluye destrezas interpersonales. Estas habilidades incluyen pedir permiso, compartir, esperar su tiempo y unirse a una actividad. Se necesita la experiencia necesaria para saber cuándo interrumpir o unirse a una conversación. En la mayoría de los casos, el rango de habilidades interpersonales requeridas depende del contexto. El argumento aquí es que las habilidades interpersonales que demuestra cuando ve jugar a su equipo favorito no son las mismas que exhibe cuando está con sus colegas en el lugar de trabajo.

El tercer conjunto de habilidades sociales incluye competencias para resolver problemas y específicamente pedir ayuda, aceptar consecuencias y disculparse. En los entornos sociales, ocurrirán desacuerdos y, al mismo tiempo, las partes que interactúan pueden requerir su aporte para resolver un problema. Un individuo socialmente competente necesita identificar las causas subyacentes del problema, cómo está afectando a otros, por qué el resto de las personas se sienten de determinada manera y, finalmente, ofrecen múltiples formas imparciales de solucionarlo.

El cuarto conjunto de habilidades incluye aquellas relativas a la resolución de conflictos y específicamente el manejo de derrotas, acusaciones, presión de grupo y saber manejar los halagos. La capacidad para resolver conflictos es una habilidad muy demandada en la sociedad contemporánea cada vez más diversa. Resolver conflictos requiere ser imparcial, escuchar con empatía y ayudar a las partes enemistadas a reconocer sus puntos en común sobre el tema. Los conflictos no resueltos pueden terminar las interacciones sociales y afectan de varias maneras la productividad en el entorno laboral. Por ejemplo, los conflictos no resueltos pueden hacer que algunos trabajadores renuncien a cierto equipo o abandonen la organización definitivamente.

El quinto aspecto de las habilidades sociales se refiere a la capacidad de persuadir e influir en los demás. En contextos sociales, debe contarse con la capacidad de convencer a los demás. Influir en otros se vincula con las competencias de inteligencia emocional, especialmente la empatía y la comunicación emocional. Cuando se comprende el impacto emocional de las palabras en su comunicación, resulta más sencillo utilizarlo para ganar a otros. Persuadir a las personas también significa apreciar cómo se sienten y tenerlas en cuenta al comunicarse con ellas.

El sexto conjunto de habilidades de un individuo socialmente competente incluye habilidades de liderazgo. Dentro de los contextos sociales, a veces debe mostrarse liderazgo. Dentro de un grupo, se requiere un líder o un miembro dominante y poseer cualidades de liderazgo forma parte de las habilidades sociales. Un buen líder inspira y escucha a la vez que es visionario. Al participar en contextos sociales, es importante cultivar las habilidades de liderazgo y demostrarlas cuando sea pertinente. Uno de los modelos preferidos de liderazgo es el liderazgo transformador, donde el líder motiva a los miembros en lugar de ordenar o marcar el ritmo del equipo.

Igualmente importantes son las habilidades de comunicación que permiten la operatividad de las habilidades sociales. De esta manera, las habilidades de comunicación son esenciales en cualquier actividad social. Algunas de las habilidades de comunicación requeridas incluyen el uso efectivo de la comunicación no verbal. Es importante que las expresiones faciales y los gestos utilizados sean apropiados y al mismo tiempo coincidan con la comunicación verbal. Probablemente los grupos sean diversos y los gestos con las manos pueden tener diferentes connotaciones para cada miembro involucrado. Por esta razón, la comunicación también debe incluir habilidades culturales.

Asimismo, la construcción de vínculos es requerida para las habilidades sociales. La construcción de relaciones forma parte de las interacciones sociales. Crear una relación también requerirá habilidad para mantener la relación. No todas las personas pueden iniciar y mantener una relación. La competencia de construir y mantener relaciones es parte de las habilidades sociales que deben tenerse. La empatía es una competencia crítica al construir y administrar una relación. Construir y manejar una relación es en gran medida un arte, pero seguir las mejores prácticas aumenta las posibilidades de tener éxito.

Finalmente, las habilidades de gestión del cambio son parte crucial de las habilidades sociales. Otro aspecto importante de las interacciones sociales es el cambio. En cualquier entorno grupal, uno o varios miembros pueden retirarse o comportarse de manera diferente al conjunto de comportamientos conocido y estos requieren competencias de gestión del cambio para evitar las consecuencias a nivel de grupo.

Ejercicio
a. Tomando como referencia una experiencia pasada, explique cómo se mostraron o no algunas de las habilidades sociales.

Conclusión

En resumen, el autor logró llevar al lector a través de la necesidad de inteligencia emocional y cómo difiere de otros conceptos relacionados, como la inteligencia social y la inteligencia emocional. El autor proporcionó un ejercicio al final de cada capítulo para permitir que el lector pudiera reflexionar. Los ejercicios son fáciles de hacer y, a lo sumo, implican sólo dos preguntas. Utilizando ejemplos sencillos y fáciles de relacionar, el autor espera hacer que el lector se dé cuenta de que la inteligencia emocional se manifiesta en nosotros y a nuestro alrededor. El enfoque del autor sobre el tema se hace desde un punto de vista neutral y esto le permite al lector hacer un juicio sobre el valor propuesto de la inteligencia emocional.

Finalmente, este libro entrelaza lo que serían manuales separados sobre inteligencia emocional dándole a esta obra un enfoque explicado de la inteligencia emocional. A lo largo del libro, el autor mantiene la simplicidad del lenguaje y presta atención a la aplicabilidad de las áreas sugeridas de inteligencia emocional al lugar de trabajo, individualmente y en los eventos sociales. El contenido del libro ha sido evaluado cuidadosamente para garantizar que sea relevante y aplicable en todos los contextos. Con este telón de fondo, este libro puede verse como una evaluación manual y personal de la inteligencia emocional aplicable para individuos y grupos.

Si este libro le resultó útil, una reseña será siempre apreciada.

www.ingramcontent.com/pod-product-compliance
Lightning Source LLC
Chambersburg PA
CBHW030913080526
44589CB00010B/277